出离心 遇见未来的自己

给自己的勇气书

李俊 著

西苑出版社
XIYUAN PUBLISHING HOUSE

图书在版编目（CIP）数据

出离心 / 李俊著. — 北京：西苑出版社，2016.4
ISBN 978-7-5151-0582-6

Ⅰ.①出… Ⅱ.①李… Ⅲ.①心理学 - 通俗读物
Ⅳ.① B84-49

中国版本图书馆 CIP 数据核字 (2016) 第 058042 号

出离心：遇见未来的自己

作　　者　李　俊
责任编辑　李　健
开　　本　710毫米×1000毫米　1/32
印　　张　6.5
字　　数　190千字
版　　次　2016年6月第1版　2016年6月第1次印刷
印　　刷　三河市腾飞印务有限公司
书　　号　ISBN 978-7-5151-0582-6
定　　价　24.00元

出版发行　西苑出版社　北京市朝阳区利泽东二路3号　邮编：100102
发 行 部　（010）84254364
编 辑 部　（010）84250838
总 编 室　（010）64228516
网　　址　http://www.jccb.com.cn
电子邮箱　jinchengchuban@163.com
法律顾问　陈鹰律师事务所　（010）64970501

目录

CONTENTS

Part 1 出离心 001

Part 2 用心倾听自然的声音 041

Part 3 让心像花朵一样芬芳 081

Part 4

黑夜中的灯火 127

Part 5

站在山顶看风景 169

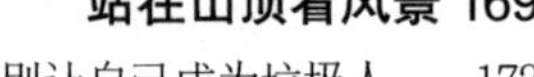

出离心

序言——

人生是一场漫长的旅行，我们一路跋山涉水而去，朝着心中的圣地前行。

这一路并不是天高云淡，风和日丽，而是要经历无数的风霜雨雪，走过不计其数的荆棘之地。

有些人害怕失败，一直站在原地没有动过；有些人心怀梦想，却在途中忍受不了前行的苦难，踏上了返程的道路；只有很少的人从出发的那一刻起，就怀揣着一个滚烫火热的心在前行，开弓没有回头箭，历经岁月的磨难，依旧没有停下前进的脚步。

这一生只有几十个春秋，而且永无回头之日。他们不想让自己这一生来去如风，连一点生命的痕迹都没有留下过。当鸟飞过天空的时候，即使我们看不到它留下的影子，可是谁也无法否认这影子已经铭刻在了天空里。当你的脚踩在岁月的路上，那一串串脚印会被时光抹平，可是谁又能说这里没有你的脚印。

请相信这个世界上没有比人更高的山，没有比脚更长的路。只要你努力向前走，就一定会到达自己想要去的地方，一定会站在人生的山顶上看到最美丽的风景。

放下，方能拿起

这样的故事大家肯定都听过，有一个姑娘到山里拜见一位得道高僧，她见到高僧的时候跪倒在他面前哭着说：“大师，我的爱人离我而去已经好久了，可是我还是放不下，总是心心念念想着他，每次想到他的时候，我的心就像千刀万剐一般疼痛，我该怎么办？”高僧让姑娘站起来，转身让身边的小沙弥去泡了一壶浓茶。他让姑娘将茶杯拿在手里，便将滚烫的热水倒进茶杯中，水温过高烫得姑娘将茶杯丢掉摔碎在地上。禅师问她为什么要将茶杯丢掉，姑娘回答说，因为感觉到疼。禅师笑着说道，“你知道开水烫手会疼，会放下，也感受到了爱情伤人也会痛，为何不能放下？只有放下心中的执念，才能拿得起新的东西。”

生活中的我们常常为情所困，尤其是青春年少的时候，情窦初开。觉得爱上一个人便是一辈子的事情，要是那个人离开了，我们就会无法呼吸，最后只能窒息而死。可年少时的爱情有几个人能够从一而终，多是半途便分道扬镳。我们好长时间都会想那个人为什么会离开我？我到底哪里不好？他为什么不告诉我？我可以为他改变一切的。我们会拿出当时为他写的日记，一页页看着痛哭流涕，多么美好的誓言在残酷的事实面前都是苍白无力的。我们会打电话问他到底为什么？就算分开了，我们也要得到一个明确的答案。我们在心里放不下那段感情，也放不下那个曾经对我们温柔以待的人。

谁的青春没有过一场心动，不管是牵手的爱情还是一场从未说出口的暗恋。我们都将那个人和那份感情奉若神明，我们拼命想将那个人留在自己的身边，而不仅仅是回忆里。在午夜时分想起那个人泪水会打湿枕头，看到某件和他相关的东西也会潸然泪下，走过曾经一起漫步的街道时会鼻子发酸。

我们放不下，谁的青春不是一场兵荒马乱，谁又能留得住自己的将军，守得住自己的公主？我们都在颠沛流离，再也不会朝夕相对。可是我们想起那个人还是会胸口发胀，双眸通红。

经历过年少时的爱情，我们以为自己再也不会那样撕心裂肺的疼痛。可是上天又会将另一个人带到我们的身旁，让我们再动凡心，痴恋红尘。我们又开始了另一段艰苦的修行，想要修成一份爱情的正果。可是中途妖魔鬼怪横行无忌，我们一路降妖除魔，到最后却发现身边的那个人早就变了心，已入“魔道”。我们又开始哭诉命运造化弄人，让所有的爱都付诸东流。

我们为何总是那么容易为情所伤，因为心中无法放下痴念。

进入社会之后的我们，变得比以前成熟老练许多，也知道了很多人情世故。懂得没有事业的爱情就像空中楼阁，迟早都会土崩瓦解的。于是我们有的人又开始一门心思奋斗自己的事业，看着别人开着豪车，住着豪宅，那便成了我们生活的全部动力。我们不会停在路边看一朵花开得绚烂无比，却要多看公司昨天下发的文件，即便是我们已经看过很多遍。我们生怕错过任何一个可以成功的机会，就像昼夜永不停息的机器那样运转着。

我们有的人的心开始变得坚硬，再也不像从前那么柔软。我们依旧放不下，只不过现在不是为了撕心裂肺的爱情，换成了争名夺利的事业。我们想要将别人的命运紧紧握在自己的手里，那样才会有更多的安全感和满足感。我们喜欢将别人踩在脚下的感觉，一将功成万骨枯成了我们的座右铭。我们在权力场上开始血雨腥风争斗，想要将至高无上的权柄握在手里。

我们有的人开始和自己的同事明争暗斗，甚至不择手段去干掉对方。我们时常提醒自己对敌人的心慈手软就是对自己最大的残酷。我们开始变得不再相信任何人，全都穿上了一层厚厚的铠甲，脸上还不忘带上一幅可以以假乱真的面具。

我们放不下功名利禄的诱惑，放不下香车美人的诱惑。我们有太多放不下，也有太多拿不起。

佛教之中一直广为流传着这样的故事。

佛陀住世时，有一位黑氏梵志，来到佛陀的座前，运用神通，两手拿了两个花瓶站在佛陀的前面，想把这两瓶花奉献给佛陀。

佛陀见了，说："放下。"

梵志以为佛陀叫他把花瓶里的花放下，立刻把左手里的那个花瓶放下。

佛陀又说："放下。"

梵志以为佛陀要他把右手的那瓶花也放下来，所以他就把右手里的花瓶又放下来。

佛陀还是对他说："放下！"

梵志非常不解地问道："我已经两手空空，没有什么可以再放下的了。请问佛陀，现在我还应该放下什么？"

佛陀说："我叫你放下，并不是叫你放下手里的东西。我要你放下的是你的六根、六尘和六识。当你把根、尘、识都放下时，你就再也没有什么对待，没有什么分别，你就可以从生死的桎梏中解脱出来了。"

梵志这才顿悟佛陀教他放下的真义。

我们一生为情放不下，为名利放不下。前者让我们肝肠寸断，后者让我们头破血流。我们依然趋之若鹜，不肯放下。

佛说，放下屠刀，立地成佛。可是我们挥舞着手中的刀，即使已经将自己砍得伤痕累累也不愿意放下。宁为玉碎，也不为瓦全。

都说，苦海无边，回头是岸。可是我们就像一片飘在海上的叶子，好像命运的航向已经不由我们掌控。海角天涯，亦不知所归。

何谓放下？一花一世界，一叶一菩提。花开自有时，叶落尚有期。

放下妄念，心自清明。放下执念，心长安乐。

你就是自己的国王

我们时常会有这样的困惑，我们的人生真的是自己可以主宰的吗？各种各样的规矩从我们出生的时候就在这个世界上存在着，它们纵横交错编织成一只只笼子，我们就像笼子里的鸟一样没有自由可言。我们尝试着想从牢笼之中逃脱，每次却总是撞得头破血流，甚至奄奄一息。

我们真的不能从命运的牢笼里逃脱吗？这个世界上从来就没有牢不可破的笼子。

想必大家都听说过这样的一个实验，有人将一只蚂蚱放在瓶子里，开始的时候蚂蚱一下子就从瓶底轻松跳跃而出，于是这个人将蚂蚱重新放进瓶子里，这次他把瓶盖盖上了。蚂蚱还像上一次那样往上跳，一下子就被瓶盖撞了回去，它又试着跳了几次，每次都会被瓶盖撞回去，最后它就乖乖在瓶底里呆着。等到那个人将瓶盖拿走了，它却还是跳不出那个瓶子。因为它已经潜移默化的相信自己逃不出这个瓶子，因此它最后就死在了瓶子里。

其实我们很多人就是蚂蚱的思维，拼搏了几回，奋战了几回，没有成功之后，就相信自己这辈子只能如此了，觉得冥冥之中上天自有注定，失去了奋斗的热情和动力，就这样碌碌无为的过完了一生。在心里却埋怨命运的不公，让自己才华埋没，一生一事无成。

让我们摸着自己的胸口问一句，我们为了掌握自己的命运付出过什么？我们可曾为了人生的信仰不惜付出一切代价，全心全意只为那最初的理想。可曾抱着“风萧萧兮易水寒，壮士一去不复返”的勇气去和世俗做永不停息的斗争。

人生就像一条奔腾不息的河流，最后成就事业的往往都是那些勇敢的弄潮儿。我们在世俗的眼光下选择了随波逐流，我们将自己的人生和命运寄托在别人的身上，又觉得自己像一只在海上漂泊的船，永远都找不到回归的彼岸。很多人一生都迷失在世俗的海上，因为他已经向命运和这个世界妥协，就像行尸走肉般度过自己的人生，直到死去的那天也没有找到心灵和生命的归宿。

如果说生命是舟，那么主宰自己人生的信念就是灯塔。当你失去了掌握自己人生的信念，就没有了前进的方向，自然也就看不到希望的彼岸。可是你若满怀信心和热情，相信自己就是人生的主宰，那么希望的灯塔会永远照亮你前进的海面，不管是狂风暴雨还是惊涛骇浪，你最终都会平安抵达生活的港湾。

一个人是否能成为人生的主宰者，最后拼的不是所谓的天分和才华，只是看谁更有信心更有毅力去坚持而已。只要功夫深，铁杵磨成针。谁能坚持到最后，谁就可以主宰自己的命运，谁就可以成就一番属于自己的事业。

19世纪法国著名音乐家海克脱·倍里奥从小就喜欢音乐，他的理想就是长大后要当一名音乐家。但是，这个理想违背了父亲的意愿，父亲把他送进军医学校学医。因为倍里奥对学医毫无兴趣，所以写信给父亲说明了这个意思，父亲一怒之下，把他赶出了家门。倍里奥没有低头，从此开始了艰苦的独立生活。一无所有的他为了生存，也为了理想，四处打工。屠宰场、面包房、商店和工厂，都留下了他的足迹。除了白天工作之外，晚上他还刻苦学习音乐，每天坚持学习到深夜。就这样，凭着坚毅的自立精神，他终于成为法国一流的音乐家。

倍里奥用自己坚韧不拔的意志向父亲和这个世界证明了一件事情：只要自己不放弃对生活和理想的追求，那么谁也无法阻止自己成为人生的主宰者。他通过自己的努力成为了著名的音乐家，以自己的坚持奏响了人生美妙的音乐，命运是他指尖跳动的音符，他是自己人生独一无二的国王。

人生从来都不会是一帆风顺，不经历风雨，怎么能见彩虹？没有在漆黑的夜晚走过，又怎能知道光明的可贵？只有那些历经磨难而依然站立的人，才是生命的强者。

如果我们怀着坚定的信心相信自己一定可以闯出一片新的天地，一定可以在这个到处都是规矩的世界里创造自己的人生法则，那么光明总会到来，成功就在前方。

姚晨曾经这样描述她没有成名前的生活：1993 年，14 岁的她因为身材比例不错被福建歌剧院选中，成为了一名舞蹈演员，并且被送到了北京舞蹈学院进修。那是她最快乐的一段时光。刚到学校的时候，她说话时方言很重，因此受到很多人的欺负。去食堂买饭的时候，卖饭的会故意为难她，说自己卖的是肉包，不是“漏包”。有次自己当主持人，在台上还没有开始说话，就听到台下发出一阵嘲笑声，当时哄堂大笑，她都不知道怎么了。她决定将自己方言的毛病纠正过来，于是便想着去学唱歌。音乐老师也嫌弃她方言太重，又将她介绍给了艺术学院的台词老师牛娜。她觉得自己就像皮球一样被踢来踢去，她发誓自己一定要将普通话学好，不能让它影响自己以后的发展。为了能让自己说一口流利的普通话，她跪在地上反反复复读，每天都要练好多个时辰。经过好长时间的训练，她的普通话总算是娴熟自如了。牛娜老师后来回忆说，她是自己见过的最刻苦的学生。18 岁的时候，她又决定报考北京电影学院。可是当时的歌剧团不愿意放人，因为拿不出违约金她只能选择留下来。可是她从来没有放弃过自己想要考北京电影学院的想法，一刻也不曾放下。20 岁的时候，她终于有钱缴纳违约金了，于是便毫不犹豫地离开了歌剧团。经过自己的努力，考上了北京电影学院。

如果姚晨没有一颗精卫填海的心，她安于现状，那么这一辈子恐怕也就是一个小小的舞蹈演员而已，根本就不会有今天这样的大红大紫。她用自己的坚持和努力谱写了人生的篇章，她的人生比自己演过的电影更加精彩千百倍。她向这个世界宣告自己就是自己的女王，谁也左右不了自己的未来。

并不是说凭着一腔孤勇就可以主宰自己的人生，我们还要明白什么样的人生是自己想要的。选择在很多时候比努力更重要，如果方向错了，那么再怎么努力也不会成为人生的赢家。

人生短短几十载，弹指一挥间的工夫。

要想成为人生的赢家，命运的主宰者，那么请不要犹豫，不要在乎世俗的眼光。世界留给我们的时间正在一天天减少，我们的生命每分每秒都在倒计时。

你站在一个地方不动，你永远不会知道下一个地方的天气和风景如何。你害怕自己的努力最后一无所获，你就不会懂得前进的过程是多么美妙。

请选择好自己前进的方向，然后抱着狭路相逢勇者胜的勇气，一路风雨兼程向着自己的理想前进，像一棵顶天立地的大树，像一树迎风绽放的梅花，再冷的寒冬，你都可以熬过去，美丽的春天会悄悄来临。在孤独困难的时刻，你都会坦然面对，那些阻挡在前面的障碍都会为你让出一条坦途大道。

如果我们怀着坚定的信心相信自己一定可以闯出一片新的天地，一定可以在这个到处都是规矩的世界里创造自己的人生法则，那么光明总会到来，成功就在前方。

请相信自己是人生的主宰，因为你的人生别人主宰不了，就像橘生淮南为橘，生淮北则为枳。你的人生只有在你的手里，才会开出最美丽的花朵，结出最丰硕的果实。

你就是自己人生的国王，独一无二，不可替代。

微笑的力量

读小学的时候，就听过这样的一个故事。一个失恋的单身女子隔壁住了一户一贫如洗的人家，一个年轻的妈妈带着两个年幼的孩子，日子过得十分窘迫。有天晚上，忽然停电了。女子点好蜡烛之后就听到有人在敲门，紧接着就响起邻居家小孩的声音。她走过去打开门看到那个年龄稍大的孩子站在门外，两只眼睛亮晶晶的，头发看起来好多天没有洗过的样子，乱得就像门口那棵老柳树上的鸟窝。女子开口问："这么晚了，你有什么事情吗？"孩子有些羞涩地说："姐姐，你有蜡烛吗？"女子转念一想，这一家人家徒四壁，想必是没有蜡烛照明，这才让小孩子过来借蜡烛。要是让他们对自己依赖上了，以后一定是件很麻烦的事情。于是女子十分冷漠地说："没有，我没有蜡烛。"说着转身就想将门关上。小男孩脸上露出了一个天真而灿烂的微笑。女子心里一暖，她停下了关门的手，决定给穷孩子回房间去拿蜡烛。

可是穷孩子却对女子说：“我妈妈说的果然没有错，你真的没有蜡烛。”他说着就从身后将一支蜡烛递给了女子。女子感动得热泪盈眶，一把将穷孩子紧紧拥入怀里，热泪盈眶。从此他们两家人成了十分要好的朋友。

就是这么一个简单的微笑，将女子那颗冰冷的心融化了。她知道自己错了，误会了穷孩子和她妈妈的好意，让她懂得了邻里之间的温暖和感动。如果没有穷小孩那天真无邪的微笑，女子恐怕早就将门关上，也就不会知道穷孩子是来给自己送蜡烛，他们最后也一定不会成为好邻居的。穷孩子用自己的微笑，将两个原本陌生的家庭变得友好而温暖。

微笑就像春风一样，可以融化人与人之间的寒冰，让每个人的心变成一片温柔的春水。

公司里的小罗和小李是同一部门的同事，可是两个人关系一直不好。原因是每个月的销售业绩小罗总是略胜小李一筹，不管小李怎么样努力，就是赶不上小罗。因此有了“既生瑜何生亮”的感慨，在同事之间不断制造有关小罗的谣言，做什么事情都处处和小罗作对。部门主管向经理汇报了两个人的情况，建议将小李从公司辞退，担心两个人这样下去会影响公司的正常工作。经理看过两个人半年来的销售业绩，他抬起头对主管笑着说：“这两个人都是人才，走了谁我都舍不得，你先去将小李请进来，半个小时后让小罗再进来。我有事情要给他们安排。”小李早就听闻公司要将自己开除，心里也是十分忐忑不安。他进了办公室以后，经理和他说：“小李，你有没有发现你的销售业绩比前期下降了一些。你知道问题出在哪里吗？”小李摇摇头说不知道。经理笑着说：“不知道没有关系，我对你有个要求，你以后每天早上到公司的第一件事情就是对所有人都微笑着打招呼。只要你做到了，我就给你涨工资。”小李没想到自己是塞翁失马，因祸得福。于是很痛快地答应了。小罗进了办公室以后，经理对他说：“你的销售业绩相比刚来的时候也有所下降。”小罗以为经理要扣罚这个月的奖金。没想到经理又说：“具体原因我现在不想追究，接下来你将这件事情办好就行了：你每天上班都要和小李微笑着打招呼。只要你做到了，我就不再追究销售量下降的问题。”第二天，小李上班之后面带微笑和每个人打招呼，所有人都说小李又变回原来的样子了。小李刚进公司的时候，被全公司评为笑容最灿烂的人，后来因为和小罗的明争暗斗，脸上已经很少露出笑容了。小罗听从经理的话，早上上班的时候都冲着小李微笑打招呼。小李虽然没有理会，但是心里觉得有什么地方不对。以后小罗每天上班坚持给小李微笑打招呼，最后小李也不好意思再那样针锋相对了，也开始笑着和小罗打招呼。一来二去，两个人关系变得开始融洽，工作上也开始了合作，业绩更是蒸蒸日上。

这是个十分聪明的经理，他让两个彼此有嫌隙的相互微笑打招呼，从而化解了一场争斗。在微笑的过程中，我们的心灵会不断被净化，很多愤怒和欲望都会在微笑里灰飞烟灭。我们变得越来越友好，将心中那只愤怒的野兽驯化了，让自己变得越来越轻松，心情自然也就越来越好。一个人心情好的时候，做很多事都会成功的。

微笑也是一种无坚不摧的力量，他给人一种振奋的力量，让人在苦难之中看到希望。

微笑不是生活的调剂品，它是生活中的必需品。只有懂得微笑的人，才能让自己的生活丰富多彩，才能在生活中如鱼得水，和身边的人相处融洽，做出一番属于自己的事业。

美国的超级名模辛迪说过这样的一句话，女人出门若忘了化妆，最好的补救方法便是亮出你的微笑。没有人不喜欢一张笑逐颜开的脸，即使那是一张长满皱纹的脸，也不会有人喜欢一张冷若冰霜的脸，让人看一眼便冷彻骨髓的寒凉。微笑是世界上最珍贵的化妆品，虽然看起来每个人都拥有微笑的权利和机会，可是能够真心用微笑来装点面容的人非常少。

艾伦进入公司已经三年了，全公司没有一个人不对她的工作能力竖起大拇指，但是每次升迁的时候都没有她什么事情。她对此很是不解，便到老板的办公室里追问缘由。老板从柜子里拿出一面镜子给她，然后说这就是我不能让你升职的原因。艾伦低头看见镜子中间的自己，两只血红色的眼睛瞪得铜铃一般大，一张脸僵硬的就像石膏像一样，看不出半点的朝气和活力。老板语重心长地说：“艾伦，不是你的工作能力有问题，而是你不懂得微笑。你总是一张冷冰冰的脸，我要是让你当了主管，那是对你的队员不负责任。没有人喜欢和一张冰块脸在一起。”艾伦想了一下，老板说得很有道理，自己已经好久都没有开口笑了，每天面对这些繁重的工作，她一点想笑的感觉都没有。老板说：“你现在笑一个，这里没有外人。”艾伦轻轻笑了一下，她看见镜子里的自己露出了洁白而整齐的牙齿，两个小酒窝显得十分迷人。她笑着离开了老板的办公室，没有多久之后就升职了。

很多公司在人才管理方面对一个的工作能力并不是最看重的，他们往往看重这个人的交际能力。一个懂得微笑的人，他的交际能力和人缘往往很好，这对于团队之间的协调有着很重要的作用。如果你在工作之中不能起到同事之间润滑剂的作用，想要升职几乎是白日做梦。

在进入职场的时候，你的第一课就是学会如何微笑，只要你将微笑这门课学好了，后面的很多事情都会迎刃而解的。因为当你微笑的时候，其他人就算想要为难你也会觉得难为情。你的微笑就像一块敲门砖，将大家的心门全部都敲开了。

曾经有人做过这样一个问卷调查，他站在街道的十字路口采访了来往的一百个人，这些人职业涉及范围广，年龄的跨度也大；有办公室的白领也有工地上的水泥工，有刚放学的小学生，也有已经白发苍苍的老者。他问了所有人一个人问题，你觉得自己幸福吗？很多人都问什么是幸福，怎么样才算幸福？做问卷调查的人不知道怎么回答，因为他自己也不知道什么才是真正的幸福。这时候一个笑容灿烂的老婆婆从他身边经过，他连忙跑上去问："婆婆，您觉得自己幸福吗？"老婆婆什么话也没有说，就是咧开嘴冲着他一笑，虽然嘴里的牙齿已经掉光了，可是老婆婆还是笑得那么开心和阳光。

其实老婆婆已经回答了问卷调查人的问题，只不过没有用语言表达，那么开心微笑的一个人你说幸福还是不幸福？你去看自己身边的人，那些爱笑的人幸福感一定比其他人强烈许多。因为微笑带给人的幸福感是真实的。别人冲着你笑，你的心里就会变得暖洋洋的，就好像有阳光照进了心里。

微笑是一种能力，更是一种心态。它是人与人之间交往的敲门砖，也是人与人发生矛盾和冲突时的润滑剂。

微笑就像黑夜的星辰，会将整个夜空点亮；就像冬天里的一把火，温暖了每一颗冰冷的心；就像一缕轻柔的春风，吹开了每个人心底的花朵。

没有永久的黑夜

“无论黑夜多么悠长，白昼总会到来。”这是英国大文豪莎士比亚的名言，他用自己的人生诠释了这段发人深省的话。

莎士比亚出生在英国的一个商人家庭，从出生就患有一种怪病，脸部莫名其妙的抽搐会做出一些怪异的表情，因此遭到身边许多孩子的嘲笑。上学以后，因为这个怪病同学们都不喜欢他。可是莎士比亚告诉自己不能放弃，自己绝对不是上帝的弃婴，他要努力做出一番事业让那些轻视自己的人不再嘲讽自己。后来莎士比亚的病好了，他离家去了伦敦，在一家剧场里给人看马，做杂役，就像现在的服务生一样。莎士比亚觉得自己一生不能这样过下去，于是他开始创作剧本。由于文学功底不够深厚，因此遭到了许多专业编剧的嘲笑。他们觉得莎士比亚没有受过高等教育，写不出什么好东西来。有人说他是“混迹于白鸽群中的乌鸦”，没有人相信莎士比亚会成功。可是莎士比亚以惊人的毅力，拼命进行创作。他告诉自己就算现在自己身处黑暗之中，那也绝没有人可以阻挡自己追随光明的脚步；文学就是他生命中的天堂。经过坚持不懈地努力，莎士比亚走过人生的黑夜，迎来了属于自己的黎明曙光。他创作的剧本被大量搬上舞台的时候，再也没有人敢非议他的作品。

我们的人生会经常遭遇黑夜，因此只有怀着向往光明的心才能够走出黑夜。我们不能因为身处黑夜而相信黑夜才是命运的主宰，谁也不能逃脱黑夜的控制。那样的话，即便是光明到来，我们眼前也是一片漆黑。因为如果我们的心已经瞎了，眼睛也就失去了辨别黑白的能力。

顾城说，黑夜给了我一双黑色的眼睛，我却用它去寻找光明。

人生就像行路一样，没有人可以永远处于白天，也没有人能够抗拒黑夜的到来。这是无法改变的自然法则，我们只能选择遵从。当黑夜降临的时候，也就意味着下一个白天即将到来。

我们见过阴云密布的白昼，可是有谁见过彻夜不息的黑暗？即使在漆黑的夜里，也会发现光明——天边的璀璨星辰，地上的白色月光，夏日里草丛之中的萤火虫，冬天窗户里温暖的灯光。

曾经有位禅师带着自己的弟子在没有星星也没有月亮的夜里行走，四周是一片寂静荒凉的田野，整个世界仿佛沉入三千米的地下，周围一点光亮都没有。禅师在前面走着，弟子跟在后面。路上禅师一次都没有因为黑暗而被地上的杂草绊倒，他的弟子却是一走三跌倒。禅师回过头问弟子，你现在看到了什么？弟子抱怨说，这么黑的天，一盏灯都没有，我什么都看不见。禅师笑道，你真的什么都看不见吗？弟子摸着脑袋说，是啊！师父，我们都看不见眼前的情况，你为什么走了一路都没有跌倒呢？禅师说，因为我看到了光明即将到来。弟子疑惑地问，眼前黑漆漆的一片，哪里有什么光明？禅师笑道，心生光明，则黑夜便是白昼；心生黑暗，则白昼亦是黑夜。

禅师之所以在黑夜之中行走轻松自如，正是因为他有一颗光明之心。因此黑夜在他的眼里就是白昼，而他的弟子心中只有黑夜，又怎能看到脚下的路？

司马迁当年因为李陵案被汉武帝判了死刑，后来家人四处筹钱才将他的命救下来。可是他却遭受了人生最大的羞辱，被施以宫刑。他的人生被彻底打入了黑暗之中。这对一个正常的男人来说，比杀了自己更痛苦。很多人在这个时候肯定会选择一死了之，因为一个男人失去作为男人的尊严，生不如死。可是司马迁觉得自己不能就这样自暴自弃，汉武帝虽然可以摧残他的身体，但却绝打不垮他的精神。他不相信自己的人生就此会永远沉入黑夜，他决定用自己手中的笔寻找光明，他一定要让自己的人生迎来崭新的春天。于是开始了《史记》的创作，一部史学界的巨著就在司马迁的手中诞生了。我们谁也无法想象司马迁是怀着怎样的心情将《史记》写完的，他每日伏在案上，将自己心中的悲愤之情写进《史记》之中，因此《史记》之中每个人都栩栩如生，有血有肉。

有人说《史记》中的英雄只有一个，那就是司马迁。他不仅仅是《史记》的作者，更是《史记》中的人物，他的人生就是一部血泪史。

如果司马迁不是抱着走出黑夜的决心，他恐怕早就在那个被施以宫刑的夜里自尽了，那么他就永远只能留在那个耻辱而寒冷的夜晚，谁也不会记得曾经有个叫做司马迁的人。身处黑夜之中，他不曾放弃自己的信念，就像一条山势阻隔的小溪，即使四处撞壁，他也决心就算头破血流也要冲出一片天地。他就像一头老黄牛一样默默耕耘，在无人知晓的黑夜里，历经风雨；等到别人看到他的时候，夜尽天明，他精耕细作的田地上已经长出了茂密的植物。

当你身处黑夜之中，首先要做的就是不要惊慌失措，要让自己的内心保持平静，这个世界上所有的事情都如逆水行舟，不进则退。你越是觉得害怕，越是没有方向感，那么你永远都走不出黑暗。你平心静气的去观察身边的环境，用手中仅有的条件了解到自己身处的方位，看看有没有豺狼虎豹正在虎视眈眈盯着你。等你将黑夜中的情况了如指掌之后，就耐心寻找自己要走的路，怎么才能走出黑夜。如果没有明确的方向，千万不要轻举妄动。因为在黑暗中误打误撞会让你死得更快。将自己飘荡的心沉下来，就像一颗巨大的石头沉入海底，紧张而有序地寻找自己的方向。当方向在你眼前明朗之后，那就动身走吧！

站在原地只是权宜之计，要是一直站着不动也只能坐以待毙。

马云曾经说过这样一句话，今天很残酷，明天更残酷，后天很美好。可是大多数人死在了明天的晚上，看不到后天的太阳。

两个年轻人一同进入到一家机械制造公司。因为他们是搞研发工作的，因此很辛苦，遇到许多的技术难题。他们和公司里的同事一起任劳任怨攻克一个又一个难关，可是后面还有很多问题需要解决。其中一个青年想这样下去什么时候是个头儿，还不知道要花多少时间才能将难关完全攻克，于是他向公司递交了辞呈。公司再三挽留，他还是一意孤行决定要离开。另一个青年想到自己已经付出了这么多，为什么不再坚持一下，他相信只要通过大家的努力，剩下的技术难关一定会被攻破的。天道酬勤，三个月后，他们就将难关攻克了。留下来的青年不仅得到了一笔不菲的奖金，还凭借着这一次的贡献成了公司的技术骨干。

离开的青年就是那个死在明天夜里的人，因为他不相信自己可以走出黑夜，和自己的同事一起攻克难关，取得最后的胜利。因此他失去了成功的机会。留下来的青年怀着必胜的决心，因此他看到后天的太阳，成为了人生的赢家。

很多人都像离开的青年，他们在黑夜之中没有坐以待毙，可是却半途而废，最后只能空留遗憾了。只要你的信心足够坚定，你的方向没有错误，就一定能从黑暗之中走出去。

生活就是日夜交替的时光，命运就是你在身处黑夜之中的样子。倘若你在黑夜之中像一条蜷缩在洞里的蛇，那么你的人生就只有蛇洞那么大，你的眼睛里永远都是黑暗的笼罩。如果你像一只展翅高飞的雄鹰，即便是眼前没有光亮，你依然坚持不懈地沿着心中的方向前行，你的人生就是整片广袤而美丽的天空。

人生有时候会长时间或者永远处于黑暗之中，其实这不是最可怕的。霍金的人生在所有人眼里应该是无底的黑洞，可是他用自己残破的身躯找到了科学之光，用这一道光点亮了人生的辉煌。史铁生在人生应该最狂妄的年纪里坐上了轮椅，从一片光明之中坠入了无边的黑暗之中，可是他用自己那支感人至深的笔写出了许多感人肺腑的作品，将光明带给了无数个身处黑暗的读者。

没有永久的黑夜，只有永远处于黑夜的心。

没有永久的黑夜，只要你在心里为生命点燃一支烛光。

风雨之后不一定有彩虹

我们小时候经常会听到这样的说法，只要你努力了，就一定会实现自己的理想。可是后来我们渐渐发现有时候不是你努力就一定能实现理想的，由于许多客观的因素，就算你努力了，理想距离你还是相去甚远，你往往只能望洋兴叹。

读书的时候很多人都有考上北大清华的梦，好多人都是冲着这个方向去努力的。后来发现不管自己多么努力，距离考上北大清华的分数还是差得天上地下。于是又决定考别的名牌大学，等到高考成绩出来以后，你发现自己的成绩只够上一所普通的本科院校。这就是理想和现实的差距。你努力不一定会有最好的结果，但是一定会有与你努力相对应的结果出现。

小和尚跟着师父下山去化缘，走到半路上下起了大雨。师父带着他找了一个小山洞避雨。小和尚心想等到雨停了一定能够见到彩虹，人们都说风雨之后会有彩虹的。大雨从中午一直下到了午后，雨停了以后小和尚从山洞里跑出去，他兴高采烈地想要看到彩虹。可是出了山洞之后却看见天空还是灰蒙蒙的一片，顿时觉得自己被骗了，心里很沮丧。师徒二人往回走的路上，小和尚因为刚才的事情闷闷不乐，师父问他其中缘由。小和尚便说出了心中不快。师父笑道，谁告诉你风雨之后一定会有彩虹，你看天马上又要下雨了。他的话还没有说完，天上又下起了瓢泼大雨。两个人又躲进了一座破旧的小庙里避雨。雨一直下到黄昏时分才停，小和尚刚出庙门就看到了天上的七色彩虹，可是他一点也高兴不起来。这时候师父又问道，你刚才不是说要看彩虹吗？现在看见彩虹怎么一点都不高兴了呢？小和尚回答说，没什么好高兴的，因为心里早就没有期待能看到彩虹了。师父双掌合十说道，心若不平，焉能欢乐？

其实这位师父想说的就是没有一颗平常心，怎么能够快乐呢？小和尚抱着一颗执著的心，在没有看到彩虹之后便心生怨念，即使后面彩虹出现了，他也感觉不到快乐。要是从开始的时候，他就像师父一样抱着一颗平常心，也就不会有后面的失望和无动于衷了。

现实生活中，很多时候风雨过后不仅没有彩虹，还继续会是风雨。身患绝症之人经过一次次的化疗，只能将生命延续一段时间，绝不可能像健康的时候那样生龙活虎。他们的人生经历一场又一场的风雨之后，生命之花只能逐渐凋零，不会重新焕发生机。他们的生命在风雨之中消瘦，直到最后完全消失。

15 岁的小林学习钢琴已经 10 年了。刚开始的时候，老师就说他的手指太短，不适合弹钢琴。可是他的父母却坚定不移的相信自己的儿子肯定可以弹好，于是给小林报了钢琴课。由于天生手指上的缺陷，因此小林付出了比别人更多的努力，但是成绩还是不尽人意。他的老师和父母一直鼓励他说，只要他足够的努力，咬牙坚持过最艰苦的时光，就一定会学有所成的。小林于是日复一日年复一年的练习钢琴，费了九牛二虎之力考了钢琴专业十级。18 岁的时候，他的老师给小林报了一个钢琴大赛，这是全世界性质的比赛。他告诉小林这次一定会拿到冠军的，经历了这么多的苦难，会修成正果的。理想很丰满，可是现实很骨感。小林平时看起来弹得还算不错，可是人外有人天外有天，他竟然连预赛都没有进就被淘汰了。回来以后，小林患上了抑郁症，和谁都不说话。医生诊断说再也弹不了钢琴了。

如果小林的父母不是强行让孩子学习钢琴，在他的脑子里灌输只要努力弹下去就一定能成为世界著名的演奏家，像傅聪和郎朗那样在世界级的舞台上演奏，小林就不会患上抑郁症。他在老师和父母风雨之后一定会有彩虹的观念灌输下，一旦看不到彩虹整个人就崩溃了。艺术和文学都是需要有一定天分，经过后天的努力，才能有所成就，不是说只要你努力就可以成功的。小林艰苦练琴的时光就像是一个人在风雨之中行走，他虽然没有见到彩虹，可是钢琴十级就已经证明他从风雨中走到了一片新的天空。可是孩子就被毁在了一个美丽的谎言之中。

根据我们的生活经验，风雨过后的天空可以说是变幻莫测。狂风暴雨过后，通常天就会放晴，可是偶尔也会继续风雨肆虐，或者雨停了天空还是一片阴暗，当然也有阳光明媚的时候。我们谁也不能控制天气，唯一可以控制的是我们对待天气的情绪。就算你因为风雨过后没有见到彩虹愤怒交加，但是老天并不会因为你的不愉快而会让天气改变。只有做好迎接每一种天气的可能，你才会获得意外的喜悦，整个人的心态也会更加平静。

莫言在获得诺贝尔文学奖之后说了这样的一个故事。有人问他写作的初衷是什么，他很坦诚的说就是为了一天能够吃上三顿大肉饺子。莫言从一开始并没有说自己一定要获得诺贝尔奖才可以，他只是为了能吃饱饭。这个写作动机在很多人眼里觉得不够高雅，每一个英雄不是从小就应该立志要建功立业的吗？他就是为了这么一个小小的梦想，笔耕不辍的写了三十多年，最后写出了《红高粱》和《丰乳肥臀》等一系列优秀的作品，成为了中国获得诺贝尔文学奖的第一人。

如果莫言从一开始就抱着一定要成为诺贝尔奖得主的心态，恐怕这辈子能不能成为一个优秀的作家都是问题。他也曾经历过被退稿的事情，要是莫言从开始就给自己定那么高的目标，被退很多次稿恐怕早对自己的创作能力产生怀疑了，因为他觉得自己是要成为诺贝尔奖得主的那个人，对自己的期许比平常人会高出很多。当现实和理想差距太远，他很有可能会选择放弃。开始是为了吃饱饭，后来越写越觉得喜欢写作，就开始了漫长的创作生涯。他一路风雨兼程只顾赶自己的路，从没有想过会不会看到彩虹。可是走到路的尽头，他不但看到了彩虹，而且收获了喜悦。

相信风雨后一定有彩虹，这是一种病态的思想，让人容易变得盲目乐观和骄傲自大，最后将自己送上一条不归路。风雨之中，你只需静下心来一路前行；等到雨停的时候，你自然会看见天上会有什么。不管天空出现了什么，那都是你经历这一段风雨之后应该看到的风景。

我们常常就是喜欢自欺欺人，然后误己误人。人生短短数十载，弹指一挥间便烟消云散。很多人都活在爱而不得的痛苦之中，也就是总是相信风雨之后一定有彩虹的幻想之中。谁也不能说彩虹不美丽，可是大自然的风雨变幻同样美丽。我们应该抱着一种欣赏的态度，而不是人为的选择和挑剔，这样只会是自寻烦恼，自讨苦吃而已。

有位学生跟着老师学习弹钢琴。刚开始的时候，他就问老师自己以后可以达到什么层次？他的老师说，你想达到什么层次呢？我也不知道你最后会达到什么层次。学生回答说，当然是大师的层次了，我以后要去世界各地进行表演，成为著名的钢琴家。他的老师拿出学费退给了学生说，你回去吧！我这里学琴不是为了教出什么钢琴家，我只是希望你们能把他当做自己的爱好，每天去练习。至于最后你们可以弹到什么水平，时间和努力会告诉你们真相的。另一个学生则对自己以后要在钢琴方面有多深的造诣没有要求，他只是因为喜欢钢琴而已，他认为只要努力去弹就好了。后来这个学生钢琴弹得越来越好，他对自己越来越有信心，最后还真的成为了一名钢琴家。

别把以后想得太美好，如果你不努力去前进，就算想的再好也是一枕黄粱。只要你为自己的梦想坚持不懈地努力，幸运之神迟早都会光顾你的。人生处处都是好风景，只是有些人会看风景，有些人不会看风景而已。上天让你在途中遇到什么样的风景，都是命运的安排，你只需好好欣赏，这才是愉悦身心之道。

就算风雨之后一定有彩虹，可是谁也不能保证哪场风雨后会有彩虹出现。人生不是只有一场风雨，而是一生都在风雨中穿梭而行。要想看得到彩虹，你就必须走过一场又一场的风雨。

请记住，风雨之后的天空里挂满彩虹是一种风景，乌云密布或者阳光明媚也是另一种别样的风景。

没有比脚更长的路

呼喊是爆发的沉默
沉默是无声的召唤
不论激越
还是宁静
我祈求
只要不是平淡
如果远方呼唤我
我就走向远方
如果大山召唤我
我就走向大山
双脚磨破
干脆再让夕阳涂抹小路

双手划烂

索性就让荆棘变成杜鹃

没有比脚更长的路

没有比人更高的山

这是已故诗人汪国真的《山高路远》。诗人虽然已经离开了我们，可是最后这两句“没有比脚更长的路，没有比人更高的山”却依旧那么铿锵有力，那么气势磅礴，引人深思。

这个世界上没有比人更高的山，即便是如珠穆朗玛峰那样的高山，最终也被人类所征服。我们虽然比起高山大川显得弱不禁风，可是我们却可以站在高山之巅，俯瞰自己曾经走过的路。

唐朝的高僧玄奘就用自己的行动证明了没有比脚更远的路。因为当时各宗各派对于佛学产生了各种各样的说法，玄奘决定要去佛教发源地拜访名师，寻求经典，以证佛学的正义。他在贞观三年从长安出发前往印度求取正经，取道兰州到了凉州，正值唐朝和突厥发生战争，因此凉州都督想要将玄奘遣返回去。玄奘一心向佛，想要求取正经，自然不肯轻易回头。他最后在别人的帮助下逃出了凉州。一连几日赶路，坐骑最后倒毙，他只好步行前往。追随玄奘的人因为路途遥远，危险重重最后都选择了离开玄奘。他只好只身一人前往西方求取真经。途中历经沙漠荒野等多种地形。有一次走了四天五夜都没有找到水，他没有一点力气，最后昏迷在了沙漠中。后来被风吹醒，玄奘继续出发，找到了水源。这就样，玄奘一路历尽艰辛，最后到达了印度。贞观十九年，玄奘历经十七个春秋回到了长安。他走的时候，没有人会相信玄奘可以取回真经，可是他却用自己的双脚走了回来。《西游记》里描写的取经之路十万八千里，孙悟空一个筋斗云就可以到了。可是现实中玄奘所走的距离只有比这远，而且很长一段路都是步行的。他用自己的脚丈量了人生的长度。

现代人经常感觉到迷茫，因为我们对生活没有信心，缺乏行动的力量。有人每天都想着如何将自己身上的赘肉减掉，可是一想到早晨要起来那么早，又要跑那么长的一段路，就放弃了，又埋怨为什么满身的肥肉去不掉。请问你行动了吗？你永远都是站在原地不动，这样的你只会越来越胖，越来越厌恶自己。有人想着成为马云一样的人物，每天却还是睡到日上三竿，下班从来不想今天做了什么，对于明天也没有任何期许。他们一想到自己努力那么多，最后还不一定能成功，就先否决了自己的努力，想着哪天会不会天上下钞票，一夜之间暴富。

我们不相信自己可以做到更好，却总是想要更好的。我们担心自己的努力会白费，因此迟迟不肯开始。我们有脚却总是围绕着一点在旋转，因为我们的心已经上了枷锁。

从前有个残疾的小男孩，从出生一条腿就短一截，因此走起路来总是摇摇晃晃的。小男孩看到别人的孩子都可以欢快的奔跑，他自己连路都走不好，心里觉得很苦闷。他的父亲发现了孩子闷闷不乐，就向小男孩说，孩子，你想像其他孩子一样奔跑是吗？小男孩沮丧地说，我可以吗？我连路都走不稳，我还能跑？他的父亲抱着小男孩说，孩子，你看见前面那个广告牌了吗？从明天起我们每天都来这里跑步怎么样？小男孩看了一眼到广告牌的距离，他摇摇头说，我跑不到哪里的，从这里到广告牌至少有 500 米，我连 5 米都跑不了。他的父亲拍着他的肩膀说，你都没有试过，怎么知道跑不到，我们明天一起来试一试吧！小男孩看到父亲殷切的眼神，不想让他伤心，点头同意了。果不其然，小男孩第一次连一米都没有跑出去，就倒在了地上。他的父亲跑过来扶起他说，站起来，注意身体的重心，继续跑。于是小男孩又重新开始了跑步，结果还是一样。小男孩不相信自己可以跑 500 米的距离，他想要放弃。可是他的父亲却很坚决的要他坚持下去。慢慢的，小男孩已经可以跑出一两米远的距离了。他的父亲带着他日复一日进行锻炼，小男孩跑得越来越稳当，速度也越来越快了。他觉得自己跑起来的时候和别人并没有什么不同，迎面有清爽的风和迷人的花香。他们跑了 5 年的时间，小男孩终于可以很快跑到 500 米的地方了。后来小男孩跑得更远了，虽然腿脚不方便，可是经常一个人出去徒步旅行。有天他问他的父亲，为什么当年一定要让自己跑 500 米？他的父亲脸上露出一丝淡然的笑意，我只是想让你知道，只要你足够努力，就没有到不了的地方。即便你有一双残疾的腿脚，可是这个世界上没有路可以比它更长。

很多时候远的不是路，而是我们的心。从我们认为永远都到不了的那个地方那一刻起，我们就真的永远失去了到达的机会。在没有行动之前，不要否定自己的想法和追求。只要你敢于行动，不管前面的路怎么样，也一定会走出一条属于自己的道路。这个世界上没有比脚更遥远的路，只要你有一颗勇往直前的心。

几千年前，宇宙对于人类来说只是一个遥不可及的神话，人们只能仰天长叹，却无法窥探宇宙的奥妙。可是经过千百年来人类的努力，我们对于宇宙的了解也是越来越多，随着地球的生态环境被破坏和人口压力不断增大，已经开始太空移民的计划。正是人类孜孜不倦地追求，我们的科学才会不断发展进步，才能将曾经那些不可能的事情变成可能，创造一个又一个的奇迹。

人的潜能是无穷无尽的，你没有做过就永远都不知道自己可以做到什么程度。所以理想还是要有的，虽然现实很残酷，可是万一实现了呢。

米特刚进公司的时候，什么都不懂。她看到身边的同事干什么事情都是那么轻松，便对自己的能力产生了怀疑。因此主管分配的很多工作，她都是得过且过。她觉得自己不可能做得更好，只要勉强可以应付就好。这次公司接了一个大活动，所有人都忙了起来，正好缺少一个设计文案的策划。米特在学校以前策划过活动，主管在她的求职简历中看到了这个特长，于是就让米特做文案策划。米特十分没有自信地说，我做不到，我以前做策划都是小型的，这个案子这么大，万一做砸了怎么办？主管笑着说，你没有做，怎么就知道不能做好，还有很多同事会和你一起做的。于是米特加入了文案策划的队伍，刚开始的时候她做的文案被批得一无是处，她在深夜里哭了好多次。眼看着活动日期就要来临了，公司拿出的方案还是无法令对方满意，全公司上下的人都快被逼疯了。米特静下心又将对方的要求看了好多遍，她发现在大学时策划过这样类似的活动，自己有经验。又反复经过了好多次修改，她将新的创意和自己的经验相结合，最终的文案得到了对方公司的赞许，为公司解除了违约危机。经过这件事情以后，米特又恢复了从前的自信和勇敢。她明白了，凡事只要你去努力，沿着正确的方向就一定会达到目的的。

很多新人进入公司都会遇到和米特相似的问题，因为一时之间无法适应公司环境和工作节奏，会产生不自信的心理，觉得自己什么都做不好，以至于影响到自己后来的发展。所以当你遇到这样的情况，一定要相信自己，一定可以走出一条成功之路，只要你不断努力，脚步总是在向前行的。

没有比脚更长的路，并不是说只要你抬脚往前走，就会走到路的尽头。很重要的是你要知道自己该走怎么样的一条路，不是盲目的去走，这样你才能很顺利地走到自己的路上。你要是走在一条连自己都不知道方向的路上，最好停下你的脚步，抬头看看四处的风景，等你看到了要走的路，再前行也会走得更快更远。

没有比脚更长的路，请在一条适合自己的路上勇敢前行，用自己的脚去丈量生命的长度。有些人一生生活在方寸之间，他的生命只有巴掌大小，有些人一路跋山涉水而去，他的生命便是广阔的天地。

用你的脚走出一条比明天更远的路，比生命更长的路。

用心倾听自然的声音

序言——

在这个文明高度发展的社会里，我们会听到很多的声音：汽车的鸣笛声、手机的铃声、乐器发出的声音、人们唱歌的声音、争吵的声音。我们像一个被声音关起来的囚徒，却怎么也逃不出这声音的牢笼。

我们在各种各样的声音里游荡，却总是找不到回家的感觉，就好像一直流浪在寻找声音的路上。我们一直困惑为什么这个世界变得这么嘈杂，人心变得如此轻浮和复杂，所有的声音听起来都是那么真切，想起来又模糊不堪。我们的耳朵不断被城市喧嚣的声音占据着，却找不到一种适合自己的声音。

如果你还在为没有一种声音可以让你觉得赏心悦目，没有一种声音让你放下心中的痛苦和悲伤，那就请你走向寂静的田野，一个人坐在草地上或者小河边，什么都不要去想，让自己的心跟随着大自然的歌声去飞翔，让你的鼻子呼吸到最新鲜的空气。当你听到竹子拔节的声音，听到小鸟在枝头欢快歌唱，清新的空气里都是花草馨香的味道，你就会知道什么才是这个世界上最好的声音，谁才是当之无愧的歌王。

愿意成为一片绿叶

每个少年心中都有一个关于英雄的梦想，每个少女心中都有一个关于公主的愿望。每个人都想成为别人眼中最亮丽的风景，成为人生舞台上最美丽的主角。没有人想要成为万千人海中那个默默无闻的人，也没有人愿意平凡无奇地度过自己的一生。

可是英雄只有那么多，公主的数量也有个限度，舞台上的主角只能有一个。我们很多人都只能是普通人，过着平凡的生活。

小时候听过这样的一个小故事。大自然妈妈有很多的孩子，她最宠爱的是花儿。每年到了春天的时候都会给它穿上漂亮的衣服，将她打扮得十分漂亮。这时候长在下面的叶子就不开心了，她又哭又闹对着大自然妈妈说，为什么花儿可以那么漂亮，我要变得像他一样漂亮。大自然妈妈笑着说，孩子，每一个生命都是与众不同的，也都有自己的作用，以后你就会明白的。花儿听了叶子的抱怨，心想不起眼的叶子竟然敢和自己争宠，于是拼命地摇晃，最后将所有的叶子都摇落了。她这才发现原来叶子是自己的衣服，没有叶子自己就变得赤裸裸。森林里的其他树木和动物都一起笑话花儿。这时候大自然妈妈语重心长地说，孩子，你和叶子应该相互热爱，团结一致，这样才能过得更快乐。叶子也看到自己的作用，意识到了自己的价值。于是花儿和叶子成为了相亲相爱的两个人。

没有绿叶配衬的花朵，永远都不会彰显花儿真正的美丽。没有平凡人的支持和帮助，就不会有真正的英雄出现。没有配角天衣无缝的合作，也不会有主角精彩绝伦的表现，更不会出现一场动人心魄的戏。

所有的英雄都是从普通人中间走出去的，就像拿破仑当年那句不想当元帅的士兵不是好士兵。不管你以后是多么运筹帷幄、战功彪炳的元帅，但你曾经是一个士兵。更确切地说，如果没有士兵的拥护，就不会有元帅的存在。

我国历史上就有一对名垂千古的红花绿叶组合，那就是三国时期蜀汉的皇帝刘备和丞相诸葛亮。当年刘备三顾茅庐请诸葛亮出山辅佐自己，诸葛亮深受感动便出山助刘备一臂之力，最后取得川蜀之地作为安身立命之所，建立了蜀国。他一生追随刘备，在刘备兵败陆逊之后，白帝城托孤之时，又肩负起了辅佐后主刘禅的重任。刘备遗命要是刘禅不可辅佐，诸葛亮便可取而代之。可即便后来掌握了蜀国的军政大权，他也全心全意辅佐刘禅，没有丝毫的异心。诸葛亮一生都是站在刘备身后的那个人，不管在刘备死前还是死后，他都是刘备这朵红花下面的绿叶。他虽然做了一生的绿叶，可是谁能说他的事业和人生不是一朵无比美丽的花朵？他虽然一生甘为人臣，可谁又能说他不是人中龙凤呢？

我们只有甘心做一片有用的绿叶，这样才能发挥自己的作用，做出像花儿一样的事业。绿叶可以平凡无奇，但绝对不能百无一用。

众所周知，很多电影明星并不是一开始就是主角的，他们很多人都是跑龙套的角色。大名鼎鼎的周星驰就是这样的出身。想必大家都看过《喜剧之王》这部电影，它里面讲的故事就是周星驰自己的经历，被片场送盒饭的人嘲笑，被导演各种侮辱，做各种各样的替身。正是长年累月的积累，让周星驰在电影方面有了更深的造诣。他在成名之后说过自己不知道演了多少个替身还有配角，才会有自己现在的成功。他应该感谢那些演配角和做替身的岁月，没有这些岁月的磨练，就不会有后来的周星驰。

当你只够成为一片绿叶的时候，就请让自己成为一片可以发光的叶子。这样就算你身处黑暗之中，也会有人看见你的光亮。只要你是一片价值连城的金叶子，就一定会有人发现你的价值。

在中国总会听到许多家长告诉自己的孩子长大以后要当大官，赚大钱，如何建功立业成就一番事业。他们总会用一些英雄人物的事迹教育自己的孩子，怎么样才能出类拔萃，才能快人一步。没有人会愿意告诉孩子，长大以后要成为普通的人，只要生活得快乐就好。所有人都望子成龙，忽略了孩子的感受和社会的现实。

曾经有一座城市发生了多起市民辱骂环卫工人的事件，而且屡禁不止。即便是采取罚款措施，这样的事情还是时有发生。主要是许多市民生活习惯差，垃圾乱倒。最后，环卫局决定给全市的环卫工人放了三天假，让这座城市三天没有人打扫。平日里毫不起眼的环卫工这下子引起了全市的关注，因为卫生没人打扫，整座城市变成了巨大的垃圾场，到处都弥漫着一股恶臭的味道。市民们这才意识到环卫工人的工作对于这座城市和人们的日常生活有多重要，于是集体向环卫工人们道歉。城市的环境打扫才恢复了正常。

这就是绿叶的作用，绝对不容小觑。所以不管你现在做什么工作，你都是这个社会不可缺少的一部分，你都有着不可替代的作用。绿叶虽然平凡，但绝对不是卑微的代名词。只要在自己的岗位上努力做好自己的事情，即使是一片绿叶，也会为这个世界增添不一样的绿色。

很多人学毕业生，在学校里都是天之骄子，甚至有些人是学校里的学生会主席，呼风唤雨，可谓是风光无限。但社会很无情，在最开始的时候所有人几乎都是一样的，要从最基础的工作做起。有些人就无法忍受这种心理落差，因此变得情绪低落，对生活失去信心。他们会想自己读了这么多年的书，难道就是为了干这些擦桌子、扫地的事情吗？这些事情不用学都会了。有些人看到别人升职比自己快，心里更是觉得愤愤不平，凭什么他比自己升得快？自己一直都是生活中的主角，怎么就变成了别人的绿叶？

丁宁曾经是班里的班长，全国三好学生，获得过许多大奖，在学校里可是大名鼎鼎的人物。毕业之后找到了一份他觉得挺喜欢的工作，正打算放开手好好干事业，可是没几天就想辞职了。原因很简单，每天上班的时候都要将办公室里的卫生打扫干净，还要给老员工冲咖啡。尤其是丁宁的经理，总会让他去帮助别人做一些琐碎的事情，甚至连取邮件这样的事情都要他去做。每次开会他都要为经理准备好发言稿，看到比自己年长不了多少、学历比自己差了好多的经理发言，他就忍不住觉得恶心。不就是进公司早几年吗？论能力和学历他根本就比不过自己。还没有等丁宁提出辞职，他就被公司辞退了，那两个与他一起入职的学历和能力都不如他的员工反而留了下来。换了公司以后，还是因为同样的问题，又再一次被踢出了局。

每个人都想成为红花这没有错，问题是在你还没有能力成为红花之前，你必须做好一片绿叶。没有经过绿叶的成长，你也长不成一朵鲜艳的红花。不愿意当绿叶，你终究不会成为红花。

一个人要有成为红花的理想，也要有作为绿叶的胸怀。

在现实生活中，只要你能用绿叶思维去思考问题，一定会少去很多麻烦。你会发现身边少了很多勾心斗角，多了许多情深意重。因为你不再是以自我为中心，而是站在别人的角度看问题，这样别人自然会更容易认同。愿意做别人的绿叶，并不代表就是成为别人的附庸。这个社会的发展是大家共同努力的结果，并不是谁一个人的功劳。因此角色也是会发生变换的，当你的能力达到一定程度就会从绿叶变成红花，反之即使你曾经是万众瞩目的红花，最后也有可能变成别人脚底下的一片被踩烂的叶子。

愿你甘心成为一片绿叶，在春天来临的时候春意盎然，舒展属于自己的颜色；在夏天的时候，为别人带去一片浓荫和清凉；秋天的时候守着自己的金黄，成为秋色里最美丽的风景；冬天的时候回归大地怀抱，化作春泥更护花。

只要你是一片独一无二的绿叶，也可以拥有和红花一样灿烂的生命。

相信自己的能力

随着当今社会的快速发展，人们的生活也压力越来越大。因此我们时常感觉到迷茫和彷徨，不知道何去何从？对生活失去了最初如火般的热情，让自己曾经波澜壮阔的心，变成了一潭死水。我们对很多事情都产生怀疑，总觉得身边到处都是陷阱。尤其最可怕的是我们正在失去相信自己的能力，有时候还没有尝试就轻易否决了自己。当我们连自己都变得不能相信，请问我们还能相信什么？还能去做什么？

社会就像一片巨大的森林，我们的信心就是头顶天空中的北斗七星。当你失去了信心，你就永远都走不出去这片森林。因为我们的眼前一片黑暗，就像没有灯塔指示的孤帆在海上漂流，要么随波逐流，要么沉没海底。除此之外，别无选择。

学校要进行一场篮球比赛，班上的主力受伤了，不能上场。因此班长让平时作为替补的大林上场。在这之前他从来没有当过首发，因此拒绝上场。可是班里会打的篮球的人只有那么几个，他要是不参加就会被首轮淘汰。在其他人的劝说下，大林这才决定上场。刚上场的大林敢拼敢抢，打出了几个很出彩的球。但是对方看出来他是个新手，于是派了一个经验老到的运动员去防守，这下大林扛不住了。很快就一连出现了多次失误，心里防线被打垮了，也不主动防人了。那一场比赛让对手打得落花流水。下场以后，所有人都问大林为什么不进攻，也不防人。他垂头丧气地说，自己根本就防不住，搞不好反而会给大家添乱。队长让其他人都散了，他对大林说，你觉得我的球技怎么样？现在不比赛了，我们单独练一会儿。你不用紧张，刚开始的时候，大林还是畏首畏尾的，他们的队长可是学校篮球队的队长。队长拍着他的肩膀说，你现在不要想我是谁，你只想着自己怎么样才能将我的球拦住，不让我投篮就好。大林摇头说，不行，我做不到，我真的不行。队长笑着说，如果连你都不相信自己了，谁还能相信你呢？你一定可以的。来吧！大林的心态慢慢平复下来，他也逐渐可以挡住队长的进攻了，后面不但拦阻队长发起进攻，他还趁机进行反攻。等到第二次比赛的时候，大林克服了心理障碍，如有神助般为班里砍下了三十多分，成了名副其实的得分王。

人生最大的敌人是自己，只要能够战胜自己，就没有什么事情可以阻拦你前进的脚步，也没有什么可以让你惊惧害怕。倘若你连自己都不能战胜，方寸之地也难以前行。

这个世界上有太多的东西会让我们感觉到害怕和恐惧，诸如地震山洪暴发等自然灾害，以及人为的各种伤害。可是人类的文明之所以不断进步，正是人们不断克服内心的恐惧，相信自己一定可以战胜面前的困难，才会让社会不断前进。自信是人类社会进步的阶梯，没有自信的灵魂，就不会存在有生命力和创造力的躯体。

拿破仑说我只有一个忠告给你：做你自己的主人。他出生于科西嘉岛的一个没落贵族家庭。从小性格比较内向，沉默寡言。拿破仑 10 岁的时候被他的父亲送进了军校，由于他天生身材矮小，又常年被海风吹得皮肤黝黑，还是来自小地方的没落贵族家庭，因此遭到了许多新同学的嘲笑。在学校里的拿破仑没有任何朋友，他选择了与书为伴，每天都沉浸在书的海洋里。他的同学们笑话他是个书呆子，以后绝不会有什么成就。可拿破仑是个十分自信的人，他相信通过自己的努力，以及自己的天赋，一定会做出一番事业。拿破仑在军校中一共度过了 5 年，最终以优秀的成绩从军校毕业。随着父亲的去世，家里的情况变得越来越糟糕。拿破仑回到家中将父亲的后事处理完毕之后，就回到了法国。他相信自己一定会创出一片新的天地，要成为自己的主人，谁也不能左右自己的人生。后来经过他的不断努力，终于成为了法兰西帝国的皇帝，成为了举世瞩目的英雄人物。

当拿破仑遇到别人的诽谤和嘲讽，依然信心十足的生活和学习，他从来不会怀疑自己的能力。要是放在别人的身上，想着自己出身没落贵族，这辈子想要出人头绝不可能，也就浑浑噩噩过完这一生而已。可他是拿破仑，一个时代的英雄。他用自己的自信和努力成就了自己的人生和理想。

爱默生曾经说过，自信是成功的第一秘诀。没有什么比相信自己跟重要。因为这是你走向成功的第一步，一个没有自信的人就像无根的浮萍，永远不可能扎根在地上，不可能长成为一棵参天大树，最多就是开几朵惨白的花朵而已。相信自己能力的人，心中自有一股非凡的英雄气，就算遇到什么困难也会坚持下去。他们坚信没有什么是自己无法克服的，没有什么可以将自己打败。

先相信自己，然后别人才会相信你。这是法国作家罗曼·罗兰的名言。当你对自己有信心，才能将一件事情做得更好，这样才会取得别人的信任。要是你对自己都没有什么信心，怀疑自己的能力，注定什么事情也做不好，这样别人自然也不能相信你。相信自己的判断，不是盲目和妄自尊大，而是对生活的一种态度，也是对自己负责的表现。

小泽征尔是世界著名的交响乐指挥家。在一次世界优秀指挥家大赛的决赛中，他按照评委会给的乐谱指挥演奏，敏锐地发现了不和谐的声音。起初，他以为是乐队演奏出现了错误，就停下来重新演奏，但还是不对。他觉得是乐谱有问题。这时，在场的作曲家和评委会的权威人士坚持说乐谱绝对没有问题，是他错了。面对一大批音乐大师和权威人士，他思考再三，最后斩钉截铁地大声说："不！一定是乐谱错了！”话音刚落，评委席上的评委们立即站了起来，报以热烈的掌声，祝贺他大赛夺魁。

原来，这是评委们精心设计的“圈套”，以此来检验指挥家在发现乐谱错误并遭到权威人士"否定"的情况下，能否坚持自己的正确主张。前两位参加决赛的指挥家虽然也发现了错误，但终因随声附和权威们的意见而被淘汰。小泽征尔却因为对自己充满了自信而摘取了世界指挥家大赛的桂冠。

小泽征尔要是不相信自己的判断力，恐怕不仅不能摘取世界指挥家大赛的桂冠，自己的名声也会遭受到前所未有的打击。只要我们实事求是，根据实际的情况作出判断，对自己的实力满怀信心，就一定能收获真正的成功。

自信，人生迈向成功的第一步。对于每个身处职场的人都是如此，没有自信就算你的能力再强也不会得到应有的发挥，你人生的价值也不会有所体现。就算你在别的方面差一些，可是你愿意相信自己的能力，愿意去不断尝试新的东西，那么你就会获得进步，成功自然就离你越来越近。老骥伏枥，志在千里。烈士暮年，壮心不已。只要你一直怀着胜利的信心，勇于超越自我，将自己的能力发挥到极致，就一定能实现自己的理想和抱负。

职场如战场，相信自己的能力，会使自己在战斗中处于主动地位，不会轻易的受外界因素干扰，力挫群雄。人的潜能是无限的，不到最后你不会知道自己究竟可以做出多么超乎想象的事情。这个世界上，没有你做不到的，只有你想不到和你因为没有自信而不愿意去做的事情。任何时候都别否定自己的能力，因为这是成功的源头。你若否认自己的能力，丧失战斗的信息，那么你生命的源头便会干涸，你的未来也只会在梦中度过而已。

相信自己的能力，不要说我不行，我放弃。人生的辉煌就是在一次次的坚持下铸就的，就像罗马城是一天天建立起来的。信心不死，毅力不倒，你就是生活的王者，就是自己人生的主宰和国王。

当一头雄狮不相信自己可以捕杀一只雄鹿的时候，那么它就连一只狗都不如，最后只能被命运之神所抛弃，被自然法则所淘汰。没有信心的王者早已失去了王者的风范，那么王者的地位也会随之丢失。

相信自己可以创造奇迹，生活和命运不会亏待一个充满自信的强者，也绝不会怜悯一个自暴自弃的弱者。

学会拥抱对手

物竞天择，弱肉强食，这是自然界和人类生存和发展的规律。因此人与人之间也就产生了所谓的竞争，每个人的立场和出发点都不同，想要得到的东西也是各不相同。人们通过相互竞争不断发展自己，从而促进了人类文明的发展与进步。如果没有人与人之间的竞争，人类现在还处于原始社会，文明也不会有今天这么发达。有竞争就有竞争的双方，也就是我们生活中的对手。他们就像影子一样在生活中处处都会存在，因为社会时刻都发生着竞争。作为社会属性的人，我们无可避免要发生竞争。

可是面对我们的竞争对手时怎样才能增强自身的实力？而不用大费周折而取得胜利呢。很多人一定会说，当然是将自己变得更强大，让你的对手不敌你的实力，最后向你认输。这在理论上是可行的，也正是我们现代人经常采用的方法。我们认为只有自己比对手更强，这样才是取胜之道。可是你可曾想过，能成为自己对手的人实力不会比自己差多少，甚至比自己强出很多。你在变强大的过程中，对手也在不断增强自己的实力。这样你要取胜的可能性微乎其微，就算取胜了，最终也只会是两败俱伤的结局，甚至谁都无法取得最后的胜利。

我们都听说过鹬蚌相争，渔翁得利的故事。这是战国时谋士苏代游说赵惠王时讲的寓言故事。苏代为燕国去游说赵文惠王说：“今天我来，渡过易水时，看到有个河蚌刚刚打开晒太阳，一只鹬飞来啄它的肉，河蚌马上闭拢，夹住了鹬的嘴。鹬说：‘今天不下雨，明天不下雨，那就会有死蚌肉吃了。’河蚌也对鹬说：‘今天不放你，明天不放你，就会有只死鹬鸟留在沙滩上。’它们互不相让，渔夫看见了，就把它们俩一起捉走了。

这个故事在现代社会也具有现实意义。这是一个多元化的时代，由于信息的高度发达，竞争比从前更加激烈。如果我们一心盯着对手不放，宁为玉碎，不为瓦全，那么最后的结果就会让你和对手之外的第三个竞争者从中取利。你的对手远远不止一个人或者两个人，有些对手是你可以看到的，有些则是你还没有发现而已。所以和对手拼得鱼死网破，这是最不明智的做法。鹬蚌相争，最后都难免一死；渔翁得利，却是不费吹灰之力。

从刚读书开始，我们就开始和班里的同学进行竞争，为了成绩的排名，为了小红花的数量，为了得到老师的表扬。我们为了竞争而竞争，却忽略了竞争的结果。不管采取怎样的竞争过程，或者说过程有多么的精彩。一旦竞争结果一塌糊涂，没有人会去关心你竞争的过程。虽然有很多人说过程比结果更重要，但这个时代用自己的方式告诉我们，结果才是最重要的。一个失败的竞争结果，注定不会有太多的可取之处。

小雨和小林都是班里的尖子生，两个人的成绩总是不相上下。这次你比我高几分，下次我比你高几分，一直这样来回互换。他们都在心里憋着一口气，一定要超过对方。小雨的数学成绩是全班最好的，可是他的英语成绩只是处于中上游水平。小林则是相反，他的英语成绩在班里出类拔萃，数学成绩就相对逊色一些了。为了超越小林，小雨就在英语成绩狠下功夫，可是不管怎么努力，和小林还是有段差距。小林则面临同样的问题。两个人曾经是小学同学，以前经常一起玩的。后来因为竞争的关系，现在连话都不说了，形同陌路。很快到了中期考试，小雨心想这次一定要将小林超过，可是英语这个短板还是没有彻底补上来，他知道小林一直在数学上面狠下苦功。要是这次他的数学成绩追上了自己，那么自己就必败无疑了。为了获得最后的胜利，小雨决定做夹带。小林也和小雨的想法一致，他也做了夹带。结果考场上两个人都被监考老师抓了个正着，羞愧难当。事情发生以后，他们的班主任王老师将两个人叫到了办公室，他并没有责怪两个学生。而是给他们布置了一个任务，必须每天帮助对方补成绩稍弱的课程，要是没有什么效果，这次考试作弊就要被学校开除。两个人听王老师这么说，吓了一大跳，回去以后就开始了相互辅导功课。这期间两个人发现对方其实并没有自己想象中那么不好，没过多久就成了好朋友。等到期末考试，小林比小雨高出一分，但是相比以前的成绩，两个人都提高了二十多分。更值得高兴地是，他们以前在年级排名只有十几名，这次两个人分别成了年级第三名和第四名。

两个人从开始良性的竞争到最后变成了恶性竞争，为了超越对手不惜抄袭夹带。可见人与人之间的竞争一旦因为两个人的争强好胜最后会走进一条死胡同，都成了这场竞争的失败者。但是后来随着两个人的合作，各取所长，补己之短，成绩都得到了大幅度提升。最重要的是两个人对外竞争力提升了不少，这恐怕是两个人之前都没有想到的。

这个世界上最终能获得成功的人，绝对不是将对手踩在脚下的人，而是那些将对手变成自己前进阶梯的人，能和对手和平谈判的人。

这个世界上，最爱我们的人一定是亲人和朋友，可是往往最了解我们的人是我们的对手。他们深知我们每一个弱点，知道我们的七寸在哪里，从哪里可以将我们轻而易举打败。如果我们执意要和对手一争高下，最后鹿死谁手，尚未可知？那么我们为什么不能和对手和解呢？所有的竞争都有一个共同的利益点，只要我们将这个利益点找到了，在彼此都能接受的范围内和谈，最后得到的好处一定比经过激烈竞争之后得到的要多。因为竞争往往是要付出代价的，在竞争过程中会有大量的损耗。

作为刚进公司的年轻人，都渴望在最快的时间里证明自己的能力和价值，希望在同事之间可以做的出类拔萃，得到上司的赏识。我们首先面对的就是要和自己的同事竞争，他们就变成了我们现在的对手或者潜在对手。竞争是一件让人头痛的事情，因为竞争中必定会有胜利者和失败者，都会有伤同事和朋友之间的感情。我们怎么样才能将竞争变得不再那么可怕，让整个竞争变得和平而有趣。

阿亮进入一家广告公司已经半年之久了，他的专业能力在全公司也是无出其右的。可是身边的同事涨工资的涨工资，升职的升职，他却一直站在原地不动，这让他心急如焚，百思不得其解。最近公司又有接了一个很大的广告案，经理将策划部的人马分成了三个团队，分别进行广告策划，全面打响这一战。阿亮由于经验比较多，他成了B组的组长，带着五个同事一起工作。一个多月过去了，三个小组将各自的作品拿出来，最后阿亮这一组的作品被彻底放弃了。原因是没有创意，缺乏活力，不符合客户要求。经理给阿亮下了死命令，用一周时间再拿出一套策划方案，要不然就全组都离开公司。这家公司可是许多人梦寐以求的公司，福利待遇各方面都要好于其他公司。于是阿亮带着手下的人夜以继日开始重新进行策划。这次阿亮将自己的才华毫无保留展示了出来，以前每次他都害怕同事学走自己的方法，这样自己就会处于不利的地位。这次通过合作他才发现每个人都有自己的特色，自己从其他人身上也学到很多新的东西。经过一周的艰苦奋斗，他们拿出了一套新的方案，获得经理的赞赏。可是客户看完策划方案觉得还是不够完美。阿亮向经理提出让三个小组合成一组，大家将各组的创意进行组合加工，这样或许能有效果。经理接受了他的提议，并且任命他为策划案的总负责人。三个小组的人齐心协力，最后圆满完成公司交给的任务，阿亮也成功晋升为公司的创意副总监。正是因为他不再把自己的同事当做对手，而是当成朋友和合作者，这才有了后来的成功。

人生对手无处不在。你不可能将所有的对手都打倒。很多时候，你需要伸出双手，给你的对手一个温暖而真诚的拥抱，所有的事情都会迎刃而解。当你懂得拥抱你的对手时，你前进的脚步将会比平常快出百倍，你的人生将会走出一条康庄大道。

走得快，不如走得稳

有一个小孩，很喜欢研究生物，很想知道蛹是如何破茧成蝶的。有一次，他在草丛中看见一只蛹，便取了回家，日日观察。几天以后，蛹出现了一条裂痕，里面的蝴蝶开始挣扎，想抓破蛹壳飞出。艰辛的过程达数小时之久，蝴蝶在蛹里辛苦地挣扎。小孩看着有些不忍，想要帮帮它，便拿起剪刀将蛹剪开，蝴蝶破蛹而出。但他没想到，蝴蝶挣脱蛹以后，因为翅膀不够有力，根本飞不起来；不久，痛苦地死去。破茧成蝶的过程原本就非常痛苦、艰辛，但只有通过这一经历才能换来日后的翩翩起舞。正是因为小孩的急于求成，这才导致早产的蝴蝶还没有来得及飞舞就失去了生命。

其实这样的事情在我们现实生活中比比皆是，由于我们急于求成，违背事物的发展规律，最后导致事情朝着相反的方向发展，距离我们预期的目标越来越远。

从前有个少年拜一位饱学之士为师父。初次见面的时候，少年就问饱学之士说，师父，我要用多久的时间才能学富五车，满腹经纶呢？饱学之士笑道，十年。少年接着又问要是我夜以继日，废寝忘食的学习呢？饱学之士回答说：三十年。少年又问道，我要是昼夜不息，拼命全力去学习呢？饱学之士摇头道，恐怕一辈子都不行。少年追问，我比从前都更努力了，为什么反而不行呢？饱学之士感叹道，你一心只想着成为才华横溢之人，哪里还有心思去好好学习呢？因此恐怕一生都没有希望。少年不听饱学之士的话，回到家中每日不眠不休学习，想要成为天下最有才学的人。三年过去了，少年才学依旧十分平庸。五年过去了，少年形容枯槁，看起来已至暮年，才学却无多少长进。七年之后，少年心力交瘁而死，依旧没有多少真才实学。

这个少年一心想要速成，最后却落得英年早逝。书山有路勤为径，学海无涯苦作舟。读书学习本来就是一件日积月累的事情，绝非是一朝一夕可以成为饱学之士的。少年的悲剧就在于太过急于求成，乱了自己的心智。当一个人的心不能够静下来的时候，他做什么事情都是没有效率的。即便是坐在灯下看了三天三夜的书，可是心并不在书上，不如有心之人一日的功夫。一个人想要走得比别人快，想要学习更多的东西，这本身是没有任何错误的。可是因为想要快，却忘记自己的现实情况，最后只能落得竹篮打水一场空。

达·芬奇学画鸡蛋的故事很多人都听过。他从小就显示出很高的画画天赋，于是家里送达·芬奇去学画画。他开始跟老师学画，老师让他画一只鸡蛋，达·芬奇很快就画好了，他觉得没有什么意思，想要画别的东西。这时候老师告诉他，鸡蛋可以从不同的角度去看，这样画出来的鸡蛋也是不一样的。达·芬奇听从老师的指导，开始一遍又一遍画鸡蛋，反反复复进行练习，最后为自己打下了坚实的画画基础，成为了举世闻名的画家。

《伤仲永》这篇文章我们都应该读过，仲永很小的时候天赋很好，从小就会作词写诗，在地方上成为了有名的小神童。他的父亲便带着自己的儿子四处拜访他人，不让自己的儿子学习。多年过去了，仲永最后变成了一个普通人，小时候的才华也没有了。

我们可以从达·芬奇和仲永这两件事情之中看到最大的区别在于，达·芬奇跟随自己的老师勤学苦练，没有急于求成，为自己打下了良好的基础，反观仲永的人生，他的父亲觉得自己的儿子才华出众，便带着他四处拜访别人，没有好好利用仲永自身的优势，最后导致他成为了普通人。

当代的很多父母都是仲永父亲这样的人，他们希望自己的孩子可以早日成名，这样孩子的起步就会比别人早，最后也会比别人走得远。很少有人愿意像达·芬奇的老师那样，让自己的孩子平心静气做一件看似没有多少必要的事情，却会对孩子产生深远的影响。从短期来看，仲永的父亲并没有做错什么，正如张爱玲所说的，成名要趁早。当所有人都知道仲永是青年才俊，这无疑会对他有很大的帮助。最要命的就是仲永的父亲一直想着让自己的儿子跑得更快，却没有想过儿子这样能跑多久，最后导致儿子倒地之后站都站不起来了，更别说继续跑了。那些曾经在身后的人最后全都超越了他。这就是所谓的“笑到最后才能笑得最甜。”这个世界上只要你的努力到了，那些该你得到的荣誉和地位都会得到的。就像达·芬奇这样，经过自己的努力，最后成就了自己的事业。

跑得快固然是好，可是跑得稳更重要。罗马非一日建成。在生活和工作中我们要保持一颗平静的心，不能只想着往前跑，更要注意自己脚下的路。我们的一生都在奔跑之中，速度对于我们来说相当重要，可是能够一直跑下去才是最重要的。如果你一直想要跑得比别人快，不注意自己身体和实际情况，最终在中途倒下了。你后面的人不用跑，只要慢慢走都会超过你的。

孙膑和庞涓的故事想必也是耳熟能详的。两个人同时都拜在了鬼谷子的门下。后来庞涓觉得自己已经学到了带兵打仗的精髓，于是向鬼谷子辞别下山到魏国当了大将军。他跟随鬼谷子确实学了不少本事，带领魏国军队打了许多次的胜仗，成了魏王的亲信。几年之后，孙膑也学成下山，庞涓便将孙膑介绍给了魏王。孙膑很快就显露出自己惊人的军事才华，比庞涓有过之而无不及，因此很快就得到了魏王的赏识。庞涓担心自己的师弟夺去了魏王对自己的宠爱，于是便设计陷害孙膑，将他施以酷刑。孙膑经过九死一生逃到了齐国。魏国派兵包围了赵国都城邯郸，赵国向齐国求救，孙膑率军进攻魏国，邯郸之围轻而易举就解了。他后来在马陵道上埋下伏兵杀了庞涓，报了自己的大仇。

庞涓取得功名利禄确实比孙膑早，可是孙膑下山之后很短的时间之内就超过了庞涓，还引起了庞涓的嫉妒之心。这说明了人这一生成功不在于一时，而是在于一世。看起来庞涓曾经比孙膑跑得快的多，但是孙膑没有跑，只是走得稳，最后成就了自己的人生。

在现实生活中，我们总是羡慕那些跑得快的人，看着他们从我们身边鱼贯而去，心里总觉得愤愤不平，甚至会想看到那些人在前面摔倒，这样我们就可以追上去了。有些人甚至会暗地里使出绊脚，将那些想要超过自己的人绊倒。其实我们跑得慢一些没有什么不好，但是对跑得快的人心存怨恨和嫉妒便是很危险的。庞涓因为嫉妒孙膑比自己跑得快，因此对他暗中下毒手，最后却落得兵败身亡，一世英名也毁于一旦。不要害怕别人跑得比你快，你可以跟在他们后面跑。俗话说的好，枪打出头鸟。你跟在那些比你跑得快的人后面，可以躲过那些曾经绊倒他们的石头，同时不断总结经验，少走弯路。对于那些跑在前面的人，我们应该心存感念，不是满心怨念。牛顿说过，我之所以看得远，是因为我站在巨人的肩膀上。他正是站在那些曾经比自己跑得快的巨人肩膀上看问题，将他们的经验和自己的思想结合起来，最后他跑赢了前面所有的人。要是他心中满是嫉恨那些跑得快的人，就一定不会静下心去研究这些科学课题，那么最后他谁都跑不赢。庞涓看到孙膑比自己跑得快了，要是能停下来好好想想孙膑为什么跑得快，这样的话以他的聪明才智追上孙膑甚至超越他并不是没有可能的。可是他将所有的时间都用来嫉妒和算计孙膑了，想着如何不让他跑起来。

你要想跑赢所有人，就不要去嫉妒那些在你前面奔跑的人。跑得稳不仅仅是你的脚，更是你的心坦坦荡荡，不急功近利，不心存怨恨。始终对生活和所有人都保持一种尊敬和谦虚的学习态度，用心记住那些跑得快的人到底快在了什么地方，然后自己迎头赶上，这是你加快自己脚步的最好办法。跑得快，一定不能成为你唯一的追求，要跑出属于的自己风采才是最好的自己。

人生就是一场又一场的赛跑，有人在这一段跑得快，有人会在下一段跑得快，有人一直想要跑得比所有人都快，最后却落在了所有人的身后。人生这个赛场，没有人永远都可以比别人跑得快，但是你可以永远都跑得稳。只要你在最后跑赢了所有人，到达了自己想要去的地方，你就是人生的大赢家。

其实你没有那么坚强

从小到大我们听到许多英雄的传奇故事，所有的人都以英雄为榜样来教育我们。最多的就是要学习英雄坚韧不拔的意志，就算再苦再累也不说一声，学习他们艰苦奋斗的精神，就算流尽最后一滴血也绝不低头。英雄就像神一样的存在于这个世界上，我们是虔诚的信徒，要对他们顶礼膜拜，将他们的精神发扬光大。其实说到底，人们对英雄最大的崇拜还是敬佩他们对于痛苦和压力的忍受能力，在困难面前所显露的不屈精神。我们记忆中的英雄，好像没有人的欢喜悲伤，只有神一样的坚强信念。和一颗奋斗到底的心。

从懂事的第一天起，父亲通常会说的就是男儿有泪不轻弹。他告诉你一个男孩子在别人面前不要轻易哭泣，要变得坚强，哭鼻子的男孩子没有人会喜欢的。于是乎我们似乎慢慢就习惯了不哭，遇到什么事请都会努力忍耐着，后来也就慢慢习惯了。想必每个人都有这样的记忆，小学时每天都会看到班里有小姑娘因为闹别扭哭得稀里哗啦，可是男孩子要是因为这事哭泣，老师非但不会安慰，还会说一个男孩子哭什么哭？因为你是男孩子，所以你必须比女孩子坚强，哭好像只是女孩子的权利。长大以后，女孩子哭是天经地义，男孩子哭就是大逆不道。我们的人生从开始就充斥着各种坚强的声音，好像脆弱一点就会死掉一样。坚强变成了很多男人赖以呼吸的氧气。

每个人都应该听过刘备的故事吧！还有一句名言相传，哭哭啼啼像刘备。这说的就是刘备遇到事情的时候就会哭，好像除了哭没有什么本事。以现代人的角度来说，刘备性格未免显得太过脆弱，有事没事就哭起来了。在三国演义中，刘备更是哭得停不下来。桃园三结义的时候哭，送徐庶离开时哭，三顾茅庐见到诸葛亮时哭，赵云为救刘禅险些丧命时哭，后来关羽张飞去世的时候哭，白帝城托孤的时候哭，这还没有将刘备哭的次数算清楚。只要有点事情刘备就会哭，他的泪腺好像比一般人发达许多。但是刘备从一个编草鞋的平民最后成为了蜀国的皇帝，就像一个白手起家的企业家创造了数以亿计的财富一样传奇。就算是他比一个女人还能哭，但谁能说刘备不是英雄？谁敢说他没有雄韬大略？刘备就是这样一路哭，一路打下了蜀汉的江山基业。要是刘备像现代人这般故作坚强，估计也成就不了这番大业。他的成功主要来源于他的人格魅力，哭也是他人格魅力的体现。每一次都哭得情深意重，让对方心存感激，下定决心以死追随。

刘备不是个坚强的人，他的感情相当丰富，就像现代的文艺小青年，泪点很低。只要触动了他的心里最柔软的部分，他就会忍不住哭起来，这是他宣泄内心感情的方式。我们所有人都喜欢将自己坚强的一面展现给别人，将最脆弱的一面留给自己。就算心里在流血，也要一面舔着伤口，一面笑着说，这点小伤算什么？很快就会好的。刘备恰恰相反，他将自己最脆弱的一面展示给别人，他会让别人看到自己心中的伤口，这样就会让人生出爱护之心、愧疚之意，别人才会与他交心。刘备的五虎大将，哪一个不是他以德服人的结果，每个人都愿意为刘备鞠躬尽瘁，死而后已。刘备一生最成功的，就是他很好运用了自己内心的脆弱。

没有人喜欢和一个冷冰冰的，看起来滴水不露的人成为朋友。即使这个人真的很优秀，没有什么坏的心眼，很多人也不会选择他的。因为一个人看起来这么无懈可击，你在他身上看不到任何弱点，无论你多么努力都很难走进他的心里，自然也就会敬而远之了。就算你们勉强成为了朋友，你在心里也会小心提防的，因为那个人给你的感觉就是没有安全感，好像也在处处对你设防。反之，每一个显得柔弱的人反而更容易激起他人内心中的保护欲，你会忍不住想和那个人靠近，给予他温暖和感动。你甚至愿意牺牲一些东西来和这个人成为朋友，因为你在他的身上能够找到和自己相似的感情，这就是联结你们之间的纽带。

小路和小敏都是刚进公司的年轻姑娘，都长得很漂亮。小路生性温和，甚至有些小孩子气；而小敏恰好相反，她性格非常刚强，遇到什么事情很少向别人求助，都是努力独立完成。公司所有人都知道小敏的工作能力要比小路强，可是每个月的业绩评选出来，小路总是比小敏强一些。她心里感到十分委屈，可是又觉得说出来不是自己的性格，是金子总会发光的。只要自己工作再干得出色一点，一定会好起来的。没过多久，公司里进来了一个新人，长得一表人才，又是双料硕士，成了所有单身女生的白马王子。奇怪的是这个新人却对小敏一见钟情，在不同的场合向小敏表白，公司里所有姑娘都羡慕死了她。最后小敏经不住男方的温言软语，两个人走到一起了。她平常一个人生活，换灯泡修马桶什么事都是自己做，有了男朋友她还是自己干。随着公司新的项目开始，工作压力空前强大，她的男朋友问她会不会觉得辛苦，她摇头说，这有什么好辛苦，我还可以撑得住。其实每晚加班到 12 点，她觉得自己都快要疯了。可是她不想让任何人看到自己心中的疲惫。这次她的男友和小路分在了一组，她倒是经常冲着自己小组的组长发牢骚诉苦，一来二去两个人成了无话不说的好朋友。公司项目结束以后，小敏的男朋友成了小路的男朋友，两个人出双入对，小敏成了陌生人。她一个人躲在房间里哭得死去活来，最后辞职离开了。

大家都应该听过这样一个笑话吧！当年班上那些拧不开矿泉水瓶盖的女生都嫁出去了，那些一口气就可以扛一桶水的姑娘都变成了女汉子。这虽然是个笑话，但是也从侧面说明性格柔弱的女生更加讨男人喜欢。在现实生活中，也正是如此。男人都喜欢对一个娇滴滴的女孩伸出无私的援助之手，那些女强人常常是敬而远之的。

其实你没有那么坚强，哭泣也不是懦弱的表现。它是我们宣泄痛苦和压抑的一种方式，眼睛因泪水而更加明亮，心灵因脆弱而充满感动。一个坚强太久了的人，内心就会变得麻木，对很多事情后知后觉，或者毫无察觉，等你醒悟过来的时候，已经是人走茶凉。我们不应该把坚强当做自己对抗外界的盔甲，仿佛只要我们穿着这层盔甲，就能够无往不胜，人生就会一片坦途。该哭的时候就哭，该撒娇的时候就撒娇，人生不需要那么多坚强，更不需要假装出来的坚强。这种坚强只会让你和所有人离得更远，你看似越来越强大，其实内心越来越迷茫，越来越脆弱，直到某一天再也支撑不下去。

你真的不需要那么坚强，听从自己内心的声音。要是觉得累了，就停下来歇一歇，别管他人怎么去想，你的生活到最后是你自己的，不是别人的。你也没有想象的那么坚强，你难过的时候也想找个人哭诉，靠在那个人的肩头像个脆弱的小孩子。你没有方向的时候，也想有个人可以给自己指出一条道路。你并不是无坚不摧的英雄，你只是个有自己喜怒哀乐的平凡人。

你要让自己活在一个可以哭也可以笑的世界里。这个世界上最可怕的不是对于生活的怯懦，也不是盲目的狂妄自大，而是你让自己的坚强欺骗了感情，让自己变得麻木了。

别把坚强拿来当做对抗世俗的幌子，它就像纸老虎一样，不管你装的多么气势汹汹，可是最后让手指轻轻一捅就破了。一颗真正坚强的人，不是对于任何人任何事都说我没事，我能扛得住，也不是让所有人看来英勇无比的样子。当你真正的坚强时，你会在痛苦的时候哭出来，会在难过的时候找个人说出来，让自己的情绪宣泄出来，然后继续笑着上路。

朋友们，其实你没有想象的那么坚强，也没有必要那么坚强，更无需故作坚强。

当坚强成为你手中的盾牌，它会将你和这个世界隔开。当别人看到你坚如磐石的盾牌，即使手中没有利刃，他们也会敬而远之。等你放下手中的盾牌，露出一张微笑或者哭泣的脸，他们就会向你走过来的。因为这是一个人正常的样子。

用心倾听自然的声音

老子《道德经》第十二章有这样一段话：“五色令人目盲，五音令人耳聋，五味令人口爽，驰骋畋猎令人心发狂，难得之货令人行妨。是以圣人为腹不为目，故去彼取此。”

在我们的现实生活中正如老子所描写的，很多五颜六色的东西将我们迷惑，各种靡靡之音将我们的耳朵控制，各种各样的味道让我们失去原有的味觉。在社会上，由于我们经历过太多的事情，渐渐变得不再是本真的自我，而是受到很多事物影响的人。我们开始忘记最初的自己和大自然的联系，并将我们之间的联系斩断，落得满心痛苦，又不知从何说起。

从前有个青年学习弹琴，他每天起早贪黑地练琴，可是过了好长的一段时间，就是没有什么进展。于是青年又开始遍访名师，跟随他们学习弹琴，眨眼之间3年过去了，他的琴技还是没有太大的长进。

可是天下最有名的琴师他都已经拜访过了，该学的东西自己全都学会了。有一天青年坐在河边弹琴，他听着自己的琴声越听越烦躁，觉得简直无法入耳。这时候一个老头子牵着黄牛从他的身边走过，对青年说，你弹得这是什么？太难听了，还不如山下的风吹竹林和水击石壁好听呢？青年琴师听了心里有些生气，他觉得自己虽然感觉弹得不够好，可是还没有人在自己面前这样贬低自己的琴技。他到要去山下看看风吹竹林和水击石壁有什么奇妙之处，这老头竟然能说比自己的琴声好出许多。青年向老头打听清楚之后，就背着琴向山下走来。到了山下的时候，就听见一阵阵风声从竹林里穿过，清雅悠扬。到了河边的时候，就看见一条挂在半空之中的瀑布从天而降，拍打着坚硬无比的石崖，泠然作响。不管是风吹竹林还是水击石壁都没有丝毫的做作之感，一切仿佛都是天外之音。青年琴师幡然顿悟，其实这天下最好的琴师是大自然啊，它一直都弹奏着最动听的音符。可是自己却有眼不识泰山，竟然一直都没有发现。于是青年琴师便在山脚下结庐而居，每日听着大自然的声音，他的琴技得到了前所未有的进步，很快就成了闻名天下的琴师。

这个世界上没有什么声音可以比大自然的律动更好听，人类所有的乐器都是从大自然中来，包括那些动听的音符也是由大自然的声音转变而来的。可是随着社会的进步，乐器的不断丰盈，人们渐渐忘记了大自然的声音。我们一直都在追逐最动听的声音，其实做动听的声音就在身边，所有人却视而不见。我们愿意花很多的钱去听一场演唱会，但是很少有人愿意静下来好好听听花开的声音，流水的声音，下雨的声音，这些才是最纯净最美好的声音。

我们一直在追随世俗的声音而奔跑，总是抱怨生活好辛苦，可是从不愿意停下来歇歇，听听午后风吹云动的声音，黄昏夕阳坠落的声音，夜里虫鸣鸟叫的声音，让自己的心放松下来，不再像一张紧绷的弦，随时都有被拉断的可能。有很多人喜欢数钱的声音，喜欢金钱的味道，一生都沉醉在对物质的追求中，永远没有知足的时候。他们的耳朵里能够听见的永远都是和钱相关的声音，诸如这里低价买进，那里可以高价卖出的消息，什么时候又可以大赚一笔。有些人让美色迷住了心，他们只听得见女人的呼唤声和娇吟声，别的声音对于他们来说是无声的。这个世界上有太多追名逐利的人，也有太多贪财好色的人，一生都在奔波的路上，长着看似和常人没有区别的两只耳朵，但不知道在什么时候已经聋了。

从前有个商人，从小就开始经商，一生精打细算，从来不做吃亏的买卖。等到年老的时候，已经积攒了不计其数的财产，成为了远近闻名的大富豪。商人每天都要做一件事情，就是在库房里数钱，只有听见钱响的声音，他的心里才感觉到踏实，脸上才会有笑容。要是一天没有到库房里数钱，他整个人就像快要死了一样无精打采。他喜欢听那些铜钱“霹雳啪啦”的响声，那是最动听的音符，也是世界上最好的良药。谁知好景不长，商人有一天忽然听不到铜钱的声音了，他在钱库里将钱数来数去，就是听不到响声。虽然他知道所有的钱都在，但是听不到响声商人就像断了药的病人，很快就病入膏肓。家里人请了好多知名的大夫回来就诊，就是没有一个人看出商人得了什么病。最后眼看着商人就要死了，有一个游方郎中从门前经过，他进入府中看了商人一眼，就对他的儿子们说，让自己带着商人去山里住上一段时间，过段时间就会恢复了。众人现在也没有办法，只有死马当作活马医了，让游方郎中带着商人走了。过了半年，商人健健康康地回来了，他再也不是从前那样爱财如命的商人，变得豁达大方，经常周济贫困人家的老百姓。原来是游方郎中将他带到了山里以后，将他安排在了一片松树林里，当天晚上商人的听力就恢复了。其实他并没有失聪，只是长时间听着铜钱的声音，就产生了耳聋的症状。游方郎中带着商人将山中的流水声，鸟叫声等声音都听了一个遍。渐渐的，商人发现这些声音比那些铜钱的声音好听多了，让他心里郁积的闷气也就逐渐散了，心境也变得更加开阔。商人觉得自己以前过得太荒唐，生命中有很多比金钱更加重要的东西，因此回到家中一改从前的作为，成为了远近闻名的大善人。

一个人在世俗的声音被困得太久，难免就会失聪。就像殷纣王和吴王夫差一样，他们听惯了佞臣们的谗言，便再也听不进去忠臣的逆耳忠言，最后将自己的王图霸业连同姓名一起送掉。人只有常常听听不同的声音，远离世俗的烦扰，找一处僻静之地聆听这个世界的声音，才能获得心灵的解放，重新感知生命中的美好和温暖。就像前面的商人，他远离自己以为最好听的铜钱声后，最终发现了更好听的声音，也唤回了内心的真善美。一个不懂得感动和感恩的生命是没有温度的，永远都无法感知生活的美好。纵然世间有千种乐器，万般乐声，都抵不过大自然最纯净最温暖的声音，它可以洗涤人们内心的尘埃，让我们重新感知更多的美好。

当你踏入职场的时候，难免会听到各种各样的声音。有人会对你夸奖，也有人会提出批评。有人对你真诚友善，有人会阿谀奉承或者落井下石。你会听到从前没有听到过的声音，让你的耳朵产生幻听甚至暂时的失聪。有些声音你可以避免去听，可是有些声音你不得不听，即使它像噪音一样让你耳朵被污染。不管你听到了什么，都要保持最基本的判断，不要让那些乱七八糟的声音左右了你的意志和人生。很多都是错的，千万不要让自己沦陷其中。

要是实在听不下去，就用你的双手堵上自己的耳朵，这样虽然有效但是也有风险。这就标志着你和别人是不同的，就等于将自己孤立了起来。除非你做好了离开的准备，要不然最好不要用堵起耳朵的办法来阻止那些声音的干扰。

最好的办法就是在一天的劳累之后，走在大街上不要去听声音忽高忽低的流行歌曲，而是用心去听听空气和这座城市的声音。这个时候的声音斧凿之气还是太过浓重，因为城市毕竟是人用手打造出来的。你可以在周末的时候，约上朋友或者独自一人前去野外散步，走在开满野花的路上，听风吹过树林的声音，不带一点的矫揉造作，一切都是最原始的声音。空气里也会想起野花盛开的声音，小草也会在风中翩翩起舞。跟着动听的音乐，你会看见枝头不知名的小鸟引颈高歌，整个田野里都是欢快的歌声。

若你感觉到累了，就请你走近大自然，用心聆听自然的声音，那是出尘不染的天籁之音，会将你心中所有的不快和痛苦轻轻化解。大自然的声音是这个世界上最好的灵丹妙药，可以除去你心中芜杂的东西，让你的心灵变得更加干净和美好。

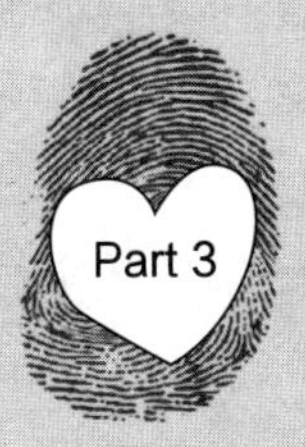

让心像花朵一样芬芳

序言——

曾经有一个哲人问自己的弟子，怎样才能让蝴蝶停留在你的身上。他的弟子回答说，我可以找到一个花丛坐在里面，这样的话蝴蝶就会停留在我身上。哲人摇头道，蝴蝶只是停留在那些盛开的花上，并不是落在了你的身上。想要让蝴蝶落在身上，你的心就必须像花儿一样盛开，一样芬芳。

我们总是渴望别人靠近自己，能和我们成为朋友，彼此在生活中可以快乐的交流和沟通。可是怎么样才能让别人对我们心生好感，愿意和我们成为朋友呢？其实最好的方法就是让自己的心变得像花儿一样美丽，一样芬芳，那样别人就会主动停在你的身边，成为你的朋友。

让自己的心像花儿一样芬芳，不仅可以美化自己的内心，更加可以给别人一种美的享受，同时提高大家的生活水准和对美的向往。当你的心如花儿般美丽，你就再也不用担心别人不去靠近你，大家闻到花香的时候，都会追随着香味而来。

船到桥头自然直

古罗马学者西加尼的名言说，差不多任何一种处境——无论是好是坏——都受到我们对待处境的态度的影响。其实无论身处顺境还是逆境，我们的心态才是最终会影响到事情的发展方向和结果的。如果我们在顺境之中没有一颗安之若素的心，这顺境迟早也会变成逆境的。在逆境之中，我们更要秉承一颗超然世外的心，然后通过不断去努力改变现状。只要你努力了，这个世界就不会辜负你。倘若你拼尽全力去做了，依然没有达到你的目的，那么这便是天意。谋事在人，成事在天。就算你再怎么焦急或者愁眉不展，都是无济于事的。你的心态往往决定着未来的发展。

从前有个小道士跟随老道士在深山里修道，小道士特别喜欢迎春花。刚进山的那一年，他满心欢喜跑到外面看花。可是迎春花凋零的那几天，小道士就会难过的彻夜难眠。想到自己心爱的迎春花就要凋零，他的心里就想猫爪子抓了一样难受。这对于他来说还不是最煎熬的，迎春花凋零之后的时光才是度日如年。因为要经过三个季节才能再次见到美丽的迎春花。这样一想，小道士很快就病倒了，两只眼睛泪汪汪的，米水不进。老道士用尽各种办法都没有效果，最后他听小道士说因为迎春花要凋谢了，他心里觉得难受，这才病倒了。他要追随着迎春花去了。老道士什么话都没有说，就让小道士先躺在床上休息，他去山上买些给死人烧的纸钱。第二天傍晚的时候，老道士回来了，他一进门就满面哀痛对小道士说，我去了你的家里，你父亲昨天生病去世了。小道士惊得从床上坐了起来，哭的更加厉害了，挣扎着想要到山下给父亲送葬，可是由于身体太过虚弱，根本就下不了床。这时候老道士说，现在想你的父亲，你有没有什么话要说？小道士边哭边说，早知道我父亲这么早去世，我之前就好好对他了，凡事不会和他强行争辩，也不至于现在充满遗憾好悔恨，却再也没有机会了。老道士微微笑道，人就应该活在当下，好好珍惜现在的生活。生老病死那是命中的定数，谁也躲不过的，就像迎春花一样，迎接春天开放，当春天要走的时候，她自然也要追随而去。这是自然地规律，谁也不能违背的。你如今为了迎春花病成这般模样，实在没有道理。这时候小道士的父母从门外进来了，他们三个人扑在一起哭得一塌糊涂。老道士对小道士说，活在眼前，活在当下。迎春花今年谢了，明年还是会再开的。万事万物皆有其命数，不可强求。小道士幡然醒悟，顿觉浑身轻松。

迎春花的开谢是不会以人的意志为转变的，开落都有自己的时间。这世间的很多事情也都是如此，不能强求。三月的桃花，你让它开在腊月，那就是梅花，而不是桃花了。橘生淮南则为橘，生淮北则为枳。有很多事物的天性是无法改变的，我们只有遵从事物本来的属性，这样才有可能获得自己想要的结果。违背自然规律，急于求成，往往都会适得其反，最后弄得自己进退两难。枯黄的野草会在春天复苏，重新穿上碧绿色的衣裳。只要到了春天，它就会这般模样，这是谁也无法改变的事实。

船到桥头自然直。别去为那些不能改变的事情费尽心力，最终的结果只能徒增伤悲，最后弄得自己十分狼狈和痛苦不堪。当然也不是放任自流，让事情随意发展。当你将自己该做的事情都做了，已经尽了自己最大的努力，剩下的事情你已经无能为力了。就像在地震来临之前，你能做的就是将房屋建的更结实一些，让它的抗震能力强一些，多学一些关于抗震和急救的知识，等灾难来临的时候，尽可能保证自己平安。至于地震来了，有多么强烈，这不是你所能左右的事情。就算你天天躲在房间里祈求上苍不要让地震来临，可是它有自己的运行规律，该来的时候就一定会来的。

德国小说家弗兰克说过，我可以拿走人的任何东西，但有一样东西不行，这就是在特定环境下选择自己的生活态度的自由。也就是说，在现实生活中，很多事情和很多东西都会发生改变，但是有一样东西是你自己可以掌握的，那就是你对生活的态度。一个在日常生活中急功近利的人，他永远都不会感受到轻松自在的生活乐趣，凡事都要衡量事物的价值大小，这样的人生没有任何乐趣可言的。相反的是拥有一颗处之安然的心，很认真很努力对待自己的生活，不去费尽心思想要得到太多，总觉得只要自己努力过了，该来的总会来的，该有的迟早都会有的，这样的人才能真正感受到生活的乐趣和人生的美好。拥有一颗处变不惊的心，拥有一个自由的生活态度，你的人生将会十分美好。

可是船到桥头自然直并不是说你什么也不做，就静静等待着结果的到来。这样的话你的人生将是一事无成，生命就在漫长的等待中荒废，就像一片树林正在消失的沙漠。

爱德华从小就想成为一名科学家，可是他发现学习是一件很辛苦的事情，于是每天都过着自由散漫的生活。他的父亲问他这样怎么可能成为科学家呢？爱德华笑着说，这一切都是上天注定的，我每天按部就班过着自己的生活就好了，至于能不能成为科学家那就要命运的造化了？他的父亲说，这个世界上没有什么命运的造化，要是有的话，那也是一个人努力之后出现的结果，而不是什么事情都不做就可以得到的。爱德华没有理会父亲的劝告，依旧过着散漫的生活，等到高中快要毕业的时候，有一所大学要招收一批对科学感兴趣的学生进入学校进行学习，爱德华喜出望外去报名考试，可是成绩差得让人无法直视。

他这才意识到了自己的错误，可是这一切已经为时已晚了。

不管你想要做什么事情，或者成为什么样的人，都必须朝着这个方向去努力，这样你才有机会达成自己的梦想。一个歌唱家，他一定是经过无数次的练习最后才能唱出美妙的歌声的；一位伟大的科学家，也一定是经过无数次的实验才能成功的；一个誉满天下的作家，必定是读过很多书和写过很多文字的人。没有人可以随随便便成功，即使你足够的努力，也不一定会得到命运和上帝的垂青。要是你无所事事，那么成功不是和你擦肩而过，而是和你相距千里。

没有努力过的人，是没有资格说船到桥头自然直这句话的。这是准备给那些经过无数次奋战，付出了无数心血的人，他们已经没有什么可以付出的了，只能听天由命。就像一艘失去控制的船，谁也没有办法让它平安入港的时候，便只能祈求上苍开眼了。我们努力过，却无法改变的事情，只能让它船到桥头自然直了。

有时候我们看到别人成功，总觉得这就是一个人的运气。我们不去反思自身的问题，却将这一切归结于命运不济，时运不佳。我们只看到了别人的成功，却看不到别人私下里做出的努力。台上一分钟，台下十年功。正是别人的这十年功才换来一分钟的成功，我们却将这一分钟的成功认为是上苍的恩赐，只是一个偶然，看不到背后的必然。你有多努力，上帝就有多么眷顾你，你有多懒惰，上帝对你就有多憎恶。

不管遇到什么事情首先要做的就是全力以赴将事情做好，不要事情还没有做好，就抱着听天由命的态度。船到桥头自然直，可是没有方向的船往往还等不到靠岸，到不了桥头就沉没海底了。那些能够到桥头的船，必然都是经过一番风浪的，最后才能找到正确的方向靠岸。你要努力做一只在风浪里勇敢向前的船，而不是随波逐流，最后葬身在大海之中。

身处井底，不忘长空

这个世界就像是埃及金字塔，只有很少的人生来就是含着金钥匙长大的，他们生来就是金字塔顶的人，从出生就已经俯瞰这个花花世界了。我们很多人从出生就在这座金字塔的底层，我们的人生就是不断向金字塔攀登的过程，只有通过不断地努力，才能到达我们想要到的位置。这就是生活的法则，从你出生的那天起就必须遵从，然后试着去改变它。

从前有一只青蛙生活在一口快要干枯的井里，每天抬头就能看到井口大小的天空。心想原来天也就这么大，可是为什么每天晚上都会听到坐在井边的人说天空无边无际，比什么都大，他们一定是在吹牛。有一天，一只白天鹅也掉进了这口井里，青蛙见到他就说，人们都说外面的天空很大，这是真的吗？白天鹅点头说道，是啊！天空确实是无边无际的，我就是从很远的地方飞到这里的。青蛙指着井口说，从这里看也没有多大吗？白天鹅抬头一看果真是如此。由于井身太过狭窄，他怎么也飞不出井口。只好和青蛙一起生活在井底了，青蛙告诉他在这口井里天空就是这么大，白天鹅永远都不可能飞出去的。时间久了，白天鹅也就不再去想飞上去的事情了。过了好久，又有一只黑天鹅也掉进了井里。他尝试向外飞去，结果和白天鹅一样失败了。这时候，白天鹅和青蛙一起劝他不要白费力气了，从这里根本就飞不出去。黑天鹅没有理会他们的劝告，每天在井底都练习飞翔。他相信总有一天可以回到一望无际的天空里，这口小小的井绝对不是自己的天地。又过了好几年，黑天鹅还是没有飞出去，青蛙和白天鹅笑他是痴心妄想，怀疑他已经疯掉了。黑天鹅没有理会他们的嘲讽，继续在宽敞的井底练习飞翔。又过了一年，这个地方降水比往年多了许多，这口枯井里的水也开始多了，最后涨到了距离地面的井口只有不远的距离。青蛙已经很多年没有练习自己的弹跳了，他现在跳一下都觉得气喘，白天鹅也忘了怎么去飞翔。这要是在刚掉进井里的时候，他一定能轻松的飞出去。只有黑天鹅轻而易举地飞出了枯井，回到了自己向往的大空，过上了自由自在的生活。青蛙和黑天鹅最后都老死在了牢笼般的井里。

生活就像这口井，明天就是井外的天空，有些人就像井底的青蛙，一辈子也不曾见过外面的世界，因为在他的心里这口井就是全部的世界。有些人就像那只白天鹅，曾经看到过外面的天空，可是经受了挫折以后，就放弃了再去追寻那片美丽的天空，于是余生只能在这片巴掌大小的地方老死此生了。有些人就像黑天鹅，他知道井口之外的天空才是自己想要的世界，即便是曾经遭遇了无数次的失败，依然心里怀着美好的憧憬，并且为之不断坚持和努力。他相信自己一定能飞出去再次看到那美丽无比的天空，一直念念不忘自己的理想，最后终于在机会来临的时候逃出生天，迎来了人生新的辉煌。

人生处处都是各种各样的井，你再怎么小心也难免会掉进井里，因为你永远不知道这口井的井盖什么时候会从你的脚下被抽走，意外永远比小心来的更快。对于我们来说最重要的不是想着如何避开这些井，避无可避；最重要的是当我们落入井底的时候，千万不要忘记了井外的天空，不要因为身处井底，就自暴自弃，放弃了追求美好人生的权利。

锥刺股这个典故想必大家都听过。苏秦是战国时期洛阳人。洛阳是当时周天子的都城。他很想有所作为，曾求见周天子，却没有引见之路，一气之下，变卖了家产到别的国家找出路去了。但是他东奔西跑了好多年，也没做成官。后来钱用光了，衣服也穿破了，只好回家。家里人看到他趿拉着草鞋，挑副破担子，一付狼狈样。他父母狠狠地骂了他一顿；他妻子坐在织机上织帛，连看也没看他一眼；他求嫂子给他做饭吃，嫂子不理他扭身走开了。苏秦心中悲愤交加，他没有想到亲人如此无情。他在心中起誓一定要做出一番事业，让所有人都知道他不是无能之人。从此以后，他发愤读书，钻研兵法，天天到深夜。有时候读书读到半夜,又累又困，他就用锥子扎自己的大腿，虽然很疼，但精神却来了，他就接着读下去。这就是后来人们常说的“锥刺股”，用来表示读书刻苦的精神。就这样用了一年多的功夫，他的知识比以前丰富多了。后来，他到六国去游说，宣传“合纵”的主张，结果他成功了。第二年，六国诸侯订立了合纵的联盟。苏秦挂了六国的相印，成了显赫的人物。

这个世界上最悲惨的事情莫过于当你失败了，连你的家人都放弃了你。苏秦做官不成，回到家中遭到父母妻子的嫌弃，没有人对他生出半点同情之心。这对于一个正常人来说，比人生的任何失败都可怕和绝望。这时候苏秦算是处在人生最低谷了，可是他没有忘记自己的追求，通过坚持不懈的努力，他最后身挂六国相印，名垂千古。

人生就像绵延起伏的山川，有起有落，当你在人生的顶峰时，请不要骄傲自满，因为一不小心就会跌落谷底。当你处在人生的低谷时，绝不能丧失斗志，对生活和未来失去信心。只要前方有路，你勇敢向前走，就一定会收获属于自己的胜利。放弃永远比开始更容易，但开始永远比放弃更有意义。很多事情，只要你去努力了，才会发现自己会做的更好。如果从开始就否定了自己，那就终将是一事无成。在人生的低谷里，你更加要坚定不移地向着顶峰走去，即便是前路凄风苦雨，危险重重，你也绝对不能放下那颗追逐梦想和未来的心。只有你不曾忘记走向顶峰，才会有前进的动力。

生活中最可怕的不是你身处井底，而是心在井底。要是你的心在井里，就算有一天你出了井也不会发现外面世界的美好，只会重新回到井里。这个五彩缤纷的世界，需要我们用心去观察，用心去追逐，这样才会拥有更多的美好生活。

作为一个职场新人进入职场之后，你一定会经历一段坐井观天的日子，除非你是个富二代，那样你就不用从头做起，很多事情都会有人替你做好，你坐享其成就可以了。刚进公司的时候，一定会受到来自各方面的压力，有人对你的工作能力产生怀疑，甚至会有人在你的背后暗下杀手，你会遭遇许多之前从来没有见过的事情。此刻的你只能在井底抬头望着上面的天空，还要和井底与你一样想飞出去的人相互竞争。你会看到人与人之间的倾轧和算计，也会看到生活从来向你没有展示过的一面。当你往上飞的时候，上面会有人用脚将你往下踩，下面也会有人拽着你的裤腿将你往下拉。因为井口只有那么大，飞上去的人数是一定的，只有将别人比下去，你才能飞出去。这不是在说什么尔虞我诈的事情，这个世界从诞生的那天起就是如此，这是一个公司发展应有的景象。没有竞争就不会有公司的发展。当你被别人一次次踩在了脚下，你感觉到自己再也站不起来的时候，一定不要忘记这口井外面的天空，阳光明媚，月色皎洁，星光灿烂。你要是坚持不下去，放弃了从井口飞出去的希望，你就必须忍受这一生都能在黑暗井底的事实和宿命。所以不管你身处什么样的境况，一定不能放下心中对井口之外那片天空的向往。即使你是一只雄鹰，如果飞不出这口井，就和井底的那些小动物没有区别。无边无际的长空才是雄鹰展翅的地方，那里才是你应该去的地方。

古语有云，燕雀安知鸿鹄之志？一个心怀远大理想抱负之人，岂能是一口井可以控制住的。别忘了自己是一只会飞的鸿鹄，而不是鼠目寸光的燕雀。你的明天在更遥远的地方，而不是这口抬头就能望到边的井底。

人生难免起起伏伏，岁月难免磕磕绊绊。请你永远都不要忘了自己是为了什么而生存，让心中那燃烧的火光照亮前方的路，即便前方是一望无际的黑暗。当你走出了黑夜，黎明还会远吗？当你不停地向井口飞去，光明距离你还会远吗？

身在井底，不忘长空。人在低谷，莫忘顶峰。

让心像花朵一样芬芳

苏东坡和佛印两个人是好朋友，经常一起饮酒作诗。一天两个人闲游，苏东坡忽然问佛印，在你的眼里，看我像是什么？佛印看了一眼苏东坡便笑着说，以贫僧看来，你乃是如来佛祖的金身。苏东坡听到佛印夸自己，心里自然很是高兴。可是他看到佛印矮矮胖胖的身子，心中便有意想要打趣一下他，便笑着说道，在我的眼里大师犹如一坨牛屎。佛印听闻苏东坡将自己形容成一坨牛屎，并没有觉得不快，反而笑道，佛由心生，心中是佛，看天地万物皆为佛；心中是牛屎，所有东西便看起来都是牛屎。苏东坡听闻此言，羞愧难当。

在这场讨论中，看似苏东坡占了上风，其实佛印才是真正的赢家。相由心生，你心中有什么看到的便是什么。心中充满恶念，看谁都是可恶可憎之人，心存善念，观天地万物皆有善缘。因此你的心是怎么样的，这个世界在你的眼里便是怎么样的。

爱默生曾经说过，虽然我们走遍世界去寻找美，但是美这东西要不是存在于我们内心，就无从寻找。如果一个人的心中没有存在的美，那么即便是最美的风景放在他的眼前也是一片苍凉和灰白。就算春天的百花齐放，他也感受不到其中的风情万种。世界上最美的东西不是外界的事物，而是我们的心。心若向美，则天地万物都是美好的。心若是丑的，则天堂也是地狱，世界在这种人眼里绝无半点美好之处。

我们身处在这个竞争激烈的社会之中，所有人都告诉我们这个世界多么黑暗，我们需要处处对别人心存提防，对任何事情都要理智冷静地去对待。很少有人会告诉你。这个世界还是很美好的，你只要好好去努力的生活，就一定可以看到阳光灿烂的日子，没有必要永远都是小心翼翼的样子，和所有人都保持着相当的距离。时间久了，很多人就变成了第一种人，他们宁愿相信这个世界的黑暗比光明更多，人与人之间的冷漠比温暖更多，自己也就变得对这个世界充满了防备之心，戴上了一张厚厚的面具。等到有天想要取下来的时候，却发现镜子中的人已经不是自己了。只有将面具戴回去，然后又告诉自己的后代，这个世界多么不美好。

其实这个世界本来就没有那些人形容的那么黑暗，只是他们心中充满了黑暗，所以看不到光明而已。你的心中有一颗小太阳，这个世界就永远都不会黑暗。很多人心中开始都是有小太阳的，慢慢的变成了明亮的月亮，又变成了黯淡的星辰，直到最后连仅剩的火苗都熄灭了。

不是生活和世界不美好，而是我们的内心被那些乱七八糟的东西充斥着，再也容不下美好的存在。

有一朵可爱的山丹花开在一个不起眼的山脚里，那里只有她这么一朵花，周围的都是野草。有一天山丹花看见一只蝴蝶从空中飞过，她想让蝴蝶停下来和自己聊聊天。可是蝴蝶却向着半山腰飞去了，因为那里有大片的花海。山丹花心里很是难过，于是她每天都伸展着自己的身子向外张望，看有没有蝴蝶飞过。夏天的时候，这里会有很多的蝴蝶飞过来，可就是没有一只停下和山丹花打招呼。由于每天都保持着相同的姿势，山丹花很快就凋零了。一天两只小蝴蝶飞过来，其中一只说，你看那边有一朵山丹花，我们过去歇一歇脚再赶路，好不好？他的伙伴却很鄙夷地说："你看那朵山丹花哪里还像是一朵花啊？都已经凋谢了。"两只蝴蝶说着就向远处飞去了，山丹花越想越觉得委屈。风姑娘听到了她的哭声，知道她是为了蝴蝶不愿意和她做朋友而难过。她笑着对山丹花说，你听我的话，我保证明年一定会有很多蝴蝶来和你聊天做朋友的。山丹花听了风姑娘的话，第二年她再也不像去年那样一直巴望着有蝴蝶过来和自己打招呼，一心从地下吸收着足够的养分，让自己的花朵开得更大更好看，远远地就能看见自己美丽的身姿。果不其然，山丹花很快就引起了一只蝴蝶的注意，整个夏天都陪着山丹花聊天，他们成了无话不谈的好朋友。山丹花终于明白了，只要努力做好自己，开出最美丽的花朵，就一定会有蝴蝶喜欢的。于是她决定将自己的种子播种在山脚里，这样就会有更多的山丹花了，自己也不会寂寞，还会吸引来更多的蝴蝶。几年过去了，山脚下到处都开满了美丽的山丹花，每一朵都开出了最好看的颜色，蝴蝶和蜜蜂都成了这里的常客。

其实山丹花的成功没有什么特别的诀窍，她就是让自己的心开出了最美丽的花朵，然后将这份美丽传递了下去，所以这里就变成了新的花海，她也不用担心没有蝴蝶喜欢自己了。

现实生活中，你要想让别人喜欢你，就首先要让自己变成一个惹人喜欢的人。没有人会无缘无故的对一朵鲜花敬而远之，但是所有人都会和一堆牛屎保持距离。当你将自己的内心世界变成了一片花园，你的身上便是四季飘香，所有人都会在你的身边感到幸福和快乐。要是你将自己的内心变成了一片肃杀的寒秋，别人还没有到你的身边，已经让你的冰冷吓得躲开了你。所以在工作和学习中，我们不是要学着如何去防范别人，而是要努力让自己成为一个心灵美好的人，就像这朵芬芳四溢的山丹花，不用她费尽心思去找寻这些蝴蝶，她们就会成群结队自行飞过来。用你心中的美感化这个世界和那些心存丑恶的人，而不是用你的丑恶和这个世界去对抗。如果这样，最后你会发现自己变得越来越不是自己了；你也会发现这个世界越来越丑恶，越来越让你无法容忍。此时你无法容忍的不是这个世界的不美好，而是你心中的不美好，可你已经失去了自知之明。

每个人都想成为生活中的焦点，让所有人喜欢自己。有人说这太难了，正如那句名言所说，一千个读者眼里有一千个哈姆雷特。每个人喜欢的人都不一样，要让所有人都喜欢自己，这根本就是不可能的。其实并没有想象中的那么难，即便是一千个读者眼里有一千个哈姆雷特，但是不管怎么样，他们喜欢的都是哈姆雷特这个人，也就是说你要找到这一千个人的共同喜好点，只要你抓住了这一点，让所有人喜欢你并不是没有可能的。这并不是说要你去刻意讨好这些人，而是让你尽量做最好最真实的自己。没有人喜欢和虚伪的人在一起生活，也没有人喜欢和性格冷漠不近人情的人在一起工作。将你自己变成了一朵鲜花，就会有成千上万的蝴蝶朝你飞过来。

要散布阳光到别人的心里，必须自己心里有阳光。要让别人闻到自己身上满是花香，必须在自己的心田里种下美丽的花朵。

很多年轻人刚进入职场中，面对职场上各种各样的竞争一时不能适应，便会觉得到处都是明争暗斗，勾心斗角，因此将自己的心门很快就闭了起来，生怕自己一不小心泄露了心底的秘密，最后成为别人手里的把柄。大部分时间，正是这样的心理阻碍了我们的正常工作，莫名其妙的就降低了工作效率。我们对别人心存疑虑，对方对我们自然也是多有提防，这样就会导致内耗，不利于个人和公司的整体发展。你将自己的内心世界变成了一片寒冬，时常飘舞着漫天白雪，自然不会看到春暖花开的景色。要是你在自己的心中种满鲜花，也就能看到满园馨香的画面了。所以在你进入职场之后，请将自己变成一朵美丽的鲜花，让所有人看到你的时候心存温暖，那样你也就会发现没有那么多恶意的眼光盯着你，很多人都是充满热情和善良的。要是你将自己变成了一棵仙人掌，别人对你只能远远地看着，绝对不会轻易靠近。就算某天你想和别人成为朋友，你觉得自己没有必要这样下去，那么你也要将自己身上的刺一根根拔下来。

请相信这个世界是美好的，相信别人对你充满善意，让自己的心像一朵芬芳的花朵，带给别人沁人心脾的花香，也让自己的世界充满甜蜜的味道。

熬过寒冬，才有春天

从前在一片山谷里开满了各种各样的野花，可是到了冬天只有两株迎春花显得生机勃勃，其他的花早都死去了。往年的冬天这片山谷里不会特别寒冷，可是今年不知道为什么连降大雪，寒风呼啸，就连在山谷里过冬的动物也全部都迁徙走了，走不了的动物全都被冻死。两株迎春花也让这大雪冻得快要死去了，很多叶子已经开始卷起来，可是风雪看起来还没有要停的样子。其中一株迎春花说，你看这漫天风雪，看来今年冬天是不会停的了。我们都活不过这个冬天。另一株迎春花说，现在已经快要到春天，这场风雪应该很快就会停，我们再坚持和忍耐一下就好了，说不定今天晚上就好了。我们等了整整一个冬天，就是为了迎接春天的来临，要是现在死了，岂不是太可惜了。于是两树迎春花决定等下去，相信风雪会停的。可是到了后半夜的时候，风雪大作，比之前更加猛烈了，鹅毛般的雪花很快就落满了枝头，肆虐的狂风就要将它们撕碎。他们坚持到后半夜的时候，觉得再也没有希望，于是放弃了，任由风雪的肆虐，很快仅剩的花朵也都凋零。就在两株迎春花都被风雪凋零之后，风雪骤停，很快天就亮了，久违的阳光竟然从山谷里照进来。这时候只剩下光秃秃的两棵树了。

英国诗人雪莱的名句，冬天来了，春天还会远吗？可是再近的春天，只有熬过冬天才能看到。要是熬不过寒冬，就永远都不可能看到春天。就像白天和黑夜只相隔了一条晨昏线，可是跨不过去，黑夜依旧是黑夜，白天还是不会到来。两棵迎春花等了整个冬天，可是在最后关头却放弃了自己的坚持，就永远也见不到自己想要看到的春天。

黎明来临之前的夜是最黑暗的，熬过这漫无边际的黑暗，光明很快就回到来。可是我们在夜色里等待会看见明亮的星星和皎洁的月亮，甚至有虫鸣声的陪伴，但是随着夜色越来越深，这些东西都会逐渐消失在我们的眼里和耳边，最后只剩下我们自己。于是我们心中会产生更加可怕的恐怖，仿佛会被撕裂了一样的绝望和孤独，总觉得只剩下黑暗无法等到天明，便会选择了放弃。最后发现光明距离自己只有一步之遥，却只能兴叹而归了。

人生就像四季交替的风景，总会让你看到不一样的颜色。很多人都喜欢阳光明媚的春天，热烈活泼的夏日，瓜果飘香的秋天，但没有人会喜欢寒风凛冽的冬日。就算冬天有皑皑白雪，将这个世界装扮成童话世界，我们也不愿忍受寒冷的折磨和摧残。有些人说自己喜欢冬天，那只不过是为了一时兴致而已，要是让他们遇到真正的冬天，恐怕最早坚持不住的就是他们。因为在他们的眼里冬天是温和美丽的，当遇到暴风雪时心早就溃不成军了。我们的一生总要经历几次像西伯利亚的冬天，零下几十度的酷寒，荒无人烟的孤寂和惆怅。这才是冬天真正的样子，只有经历过这样的冬天，我们才能走向美丽的春日。

很多人在遇到江南似的冬天时，轻松自如就度过了，这只不过是个暖冬而已。当遇到了西伯利亚的冬天时，大部分人选择了逃离，回到身后的秋天里，即便那里已是暮秋，草木凋零，也不愿向前走去，因为他们知道前方的可怕，穿不过去就只能被冻死在里面，好死不如赖活着。因此这个世界上英雄是屈指可数的，大多数人都变成了平庸之人。他们可以忍受人生的岁月渐渐流逝，自己的生命就像花朵一样凋零，也不愿向前走去。只有极少的人明知道前方艰难险阻，可是他们却一往无前。他们知道前方有更美丽的风景，值得自己用生命和热血去追求。人生在远方，而不是原点。他们义无反顾朝着每一个寒冬发出挑战，迎接着一个个焕然一新的春天。

我们说只有熬过寒冬，才能迎来春天。可是你要连一个勇于出发的心都没有，那么别说熬过寒冬，你只能像很多人一样呆在秋天里，看草木枯黄，岁月流逝。想要看到春天，你必须要有一颗敢于穿越风雪的心，这是你熬过寒冬，走向春天的首要条件。

从前有个人想要去远方看海，他打算秋天出发。可是到了秋天，他觉得自己家乡的满山红叶好看极了，于是约着朋友去看红叶，完了又看盛开的菊花。秋天很快就过去了，他觉得冬天可以出发了。冬天很快也就到了，这个人正准备出发的时候，天下起了大雪，很快就将路给封住了，怒吼的狂风就像是狮子的咆哮。这个人便想着这样的天气出发，一定会冻死在路上。他住在最西边，可是海却在最东边的地方。这个人决定第二年春天再出发，春天来了，他觉得家乡的风景如画，一定比海边好看不少。即便是看了好多年，他还是决定留下来。就这样，他一直将自己去看海的计划往后推，直到自己快要死去的那一天，他连自己的家乡都没有走出去，更别说看到海了。他快要死掉的时候，儿子问他还有什么愿望没有实现吗？这个人想起自己一直没有去看海，便想要挣扎着起来。可是他全身一丝力气都没有，最后只能含恨离去。他这一辈子最大的梦想就是去看海，可是他连家门都没有走出去，更别说看海了。

现实生活中很多人都是如此，他们对自己的未来有各种各样的计划，可是总是能找到各种各样的理由推迟或者放弃自己的计划，最后只能让自己空留遗憾。这正是人生的悲哀之处，我们一直活在梦想里，却连追逐梦想的勇气都没有，只能让自己在人生的最后抱憾终生。有人说这个世界上有太多的迫不得已，有很多事情不是你想就可以的。对于这句话没有人可以反驳它的正确性，就像你已经准备好了远行，可是一场疾病突然降临，你当然要放弃自己远行的计划了，只有活着才有可能走得更远。可是难道你会一直生病吗？病总有好的一天，等到健康恢复了，你就可以重新出发。人这一生最可怕的就是不断找借口，让自己有机会去放弃，你迈不出第一步，就永远不会看到下一步是什么样子。

因此一个人要想熬过寒冬，看到第二年的春天。首先要有一颗勇往直前的心，站在原地的人，别说熬过寒冬，他连冬天都不会见到，更别说春天了。给自己一个出发的理由，选择一条自己想走的路，然后义无反顾走下去就好。当你选择了出发以后，就必须做好应对中途遇到各种困难和问题的准备，不要让前面的荆棘阻挡你前进的脚步，也不要让风雨浇灭了你心头燃烧的火焰，熬过每一个暴风雪来临的夜晚，走过每一个白雪皑皑的山谷和雪地。只有这样你才能看到生命里的春天，你的人生才能像花儿一样绽放。

风雨过后不一定有彩虹，可是冬天远去之后一定会是春天。有时候冬天会走得慢一些，春天姗姗来迟，所以你要多一份耐心和执着，这样不管多么漫长的冬天你都会熬过去。山从来不会抱怨冬季的无情，将自己伟岸的身躯掩埋在白雪之下，让那些美丽的生命沉睡，让自己过着一段寂寥而漫长的时光，因为它知道这只是上苍的考验，春天总会来临的。那时候自己依然可以看到漫山遍野芳草如茵，野花盛开，树木葱郁。河也从不埋怨冬天的冷漠，将自己奔腾汹涌的身体冰封起来，她知道这是上帝对自己的怜惜，让她好好休息一段时间，以便来年可以流淌的更欢畅。因此她总是静静的等待，不管冬天多么寒冷，等到春天来临的时候，他们依旧可以欢快的流淌。

我们就要像山河一样淡然自若，不管多么严酷的寒冬，它一定都会过去的。要是看不到来年的春天，不是寒冬控制了这个世界，而是我们放弃追随春天的权利，在寒冬里选择了死去。比寒冬更可怕的是我们无法承受冰冻的心，比春天更遥远的是我们不懂得坚持的心。春天就在前面，和你一步之遥，可你迈不出寒冬，这一步之遥也是海角天涯。

椭圆的人生

我们一生都在追求人生的美满，可是谁又见过真正的美满呢？

从前有个画家教学生们画画，有一天他对学生们说，你们现在每个人把自己心中理想的生活画成一个图形。几分钟之后，学生们将作品交了上来。画家开始逐一点评这些画作，他对其中的一个青年说，你为什么要画一个矩形呢？学生回答说，我觉得生活就是这样的，到处都是有棱有角的，就像这个矩形一样，我们谁也不能逃出这些条条框框。画家又拿起另一个学生的画作说道，你为什么画一个圆形呢？学生说，我理想中的人生就是完美无缺的，这难道不应该是我们追求的吗？画家点头笑道，你说得很有道理，可是什么才是完美无缺呢？他又拿起另一个学生的作品，这个学生画的是一个椭圆，画家便问其中的缘由。学生起身回答说，我觉得人生就像椭圆一样，它不可能像圆那么完满，也不是像矩形那样菱角分明，因为在生活中从来都是遗憾和希望共存的，规矩和自由相互交错的。就像这椭圆有自己的形状，却不拘泥于固定的形式。画家没有评定出谁说的对，只是让各自去继续画画。第一个画矩形的学生画出来的画总是死气沉沉，一点活力都没有。那个画圆形的学生画倒是清秀俊逸，就是显得少了一丝凝重的色彩，这幅画看起来都像是飘在空中的。最后那个画椭圆的学生，画什么像什么，不拘泥于现实的形象，但也不会仅凭想象画出作品。故事的结局就是，第一个学生的画一文不值，最后只能被迫转行了。第二个学生混得小有名气，但是买他画的人永远只有那么几个人。第三个学生的画神形兼具，成了市场上最抢手的画作，身家千万。

现实生活中就存在着很多画矩形的人，他们将自己放在社会的条框里，活得有棱有角，什么事情都喜欢按部就班，不懂得变通，最后只能落得平凡，甚至惹上杀身之祸。

战国时候的赵括正是这样的一个悲剧人物。他从小就和自己的父亲高谈阔论兵法，每次都是滔滔不绝，让他的父亲无话可说。可是他的父亲知道赵括不懂得随机应变，难当大任。秦赵发生长平之战的时候，赵括代替了廉颇成为主将。在战斗的过程中，秦军已经发起了突袭，可是他还是按照兵书上所讲的指挥士兵作战，最后让秦国军队打得大败而归，坑杀赵国士兵40万。长平一役，赵国的有生力量损失殆尽，赵括最后也被乱兵杀死。正是赵括不懂得灵活运用兵法，墨守成规，没有根据现实的情况进行部队的调整，这才导致了长平之战的悲剧。

一个不懂得灵活变通的人，在处理平常之事上也会找来许多麻烦，要是遇上大事，那就只能是误事了。他们的骨子里已经让某种思维同化了，不懂得换位思考，而且这样的人多半刚愎自用，不听别人的规劝，会将很多好的机会丧失，导致事情成一发不可收拾之势。

心中画圆的人在生活里一般都比较圆滑，遇到事情往往喜欢打太极，不愿意承担什么责任，很多事情能推给别人自己绝对不会动手，善于阿谀奉承，见风使舵。这种人难当大任，最喜欢的就是逢迎自己的上级，投机取巧，做任何事情都想走捷径。有什么好事的时候，第一个冲上去的必然是他；当遇到困难的时候，第一个躲在后面的人也是他；当别人做的比自己好时，又喜欢中伤别人。现实生活中，像这样的人多如牛毛，善于察言观色让他们比一般人在事业上都更顺利，可是这种顺利难以长久，迟早都会遭到别人唾弃。处事圆滑的人也很少有朋友，因为当朋友有事情的时候，他们通常都是袖手旁观，说些没有作用的话，很少能够设身处地的站在朋友的立场上想问题，并且真心帮助自己的朋友。他们害怕惹上麻烦，总是尽量避免着一切麻烦的出现和发生，总是很努力去躲避麻烦。所以圆滑的人永远只能混迹在人群之中，绝对不可能做出什么真正的大事，成为生活中的英雄。当然他们也不需要这些，他们要的只是让自己处身事外，看别人的笑话，从中捞取自己的好处。所以，现实生活中，宁可和菱角分明的人做朋友，即便是他们的棱角会伤害到你，可是一定好过那些圆滑之人在你背地里下狠手，让你什么都不知道的情况下，已经被暗算了。

画椭圆的人其实是一种难得的智慧，它既融合了圆的圆滑，又柔滑了矩形的棱角，让自己变得进退自如。它不像圆那样在生活中没有担当，凡事都想着如何趋利避害，也不像矩形那样因为坚持原则让自己处处树敌，最后导致寸步难行。画椭圆的人在为人处世中，不卑不亢，不骄不躁，不喜不怒，凡事都能轻松自如恰到好处的处理，让自己的人生处处春风得意。

纪晓岚因为长得胖，每到盛夏都很怕热。但是按照君臣礼仪，官员见皇帝时，即使是大热天，也得穿戴整齐，不能有丝毫失礼之处。因此一到夏天，纪晓岚的日子就不好过。

在入值南书房的那段日子，纪晓岚经常是见过皇帝后，一回到南书房就连忙脱衣纳凉，凉快一阵后才穿衣出宫。乾隆皇帝知道了这个情况后，就想找机会戏弄他一下。

这天，纪晓岚在养心殿见过乾隆后，回到南书房时全身的衣服都湿透了。他连忙脱去衣服，与几位同僚打着赤膊，一边扇扇子一边谈笑风生。止在高兴的时候，乾隆皇帝突袭检查来了。

众人一见，吓得慌忙披起官袍，跪伏在地。纪晓岚是个近视眼，直到乾隆走到跟前才看见，这时披衣也来不及了，赶忙伏到桌子底下，不敢抬头。乾隆一见，心中暗笑，不动声色的在一张椅子上坐了下来，不说话也不走。

别人跪在地上还可以忍受，纪晓岚伏在桌子底下实在热得吃不消，便从桌子底下伸出头来问："老头子走了吗？"

乾隆皇帝一听觉得好笑，却佯作恼怒的样子，大声喝道："纪晓岚无礼，竟敢说出这种无礼的话！没穿官服还可饶恕，'老头子'三字做何解释？你说得有理倒也罢了，说不出理来，定斩不赦。"

纪晓岚不慌不忙地说："臣尚未穿衣，不好回话。"乾隆叫人拿衣服给他穿上。纪晓岚穿好了衣服，乾隆又问："为何叫朕'老头子'？快说。"纪晓岚从容答道："万寿无疆之为老，顶天立地之为头，父天母地之为子。"

乾隆皇帝一听哈哈大笑，说："好！好！算你才思敏捷。"就这样，纪晓岚靠一番灵活机智的辩解化险为夷，还顺便拍了皇上的马屁。

纪晓岚是清朝有名的大才子，机智过人。同时，办事能力又很强，因此很得皇帝喜欢。他巧解"老头子"的典故也体现了他"内心中正"的圆滑守则。倘若心中本来不敬，恐怕口中说的就不是"老头子"，而是"乾隆老儿"了，那时估计再机智也难逃一劫。

人生其实就是一个椭圆，你不可能像圆那样活得完满，也绝对不会像矩形那样活得辛苦。你的生活总是在完美和缺憾的交织中，就像白天和黑夜的交替。谁都不可能永远处于白天之中，阳光灿烂，风和日丽；也不可能停留在黑夜之中，让凄风苦雨一直相伴左右。因此，你不要把人生想得太美好，空中楼阁终究不会长久；也不要想得太绝望，山穷水复疑无路之后，必有柳暗花明又一村。

对于初入职场的年轻人，你既要积极进取，又不可以盲目冒进；既要学会看脸色行事，也要在出现事情的时候拿出应有的担当；不能墨守成规去做任何事情，可是原则性的问题又坚决不能动摇立场。要是你在工作中不懂得变通之道，那么你一定会遇到各种各样的情况。做一个像椭圆的人，不会处处苛求别人圆满，也无需时时自己都棱角分明。这样你就很少会与别人发生冲突，让自己陷入四面楚歌的危局之中。只要你懂得椭圆的为人之道，便可以在生活和工作中畅通无阻。

请记住，地球不是圆的，而是椭圆的，人生不会是完美无瑕的，就连美丽的维纳斯女神也是断臂的；当然也不会是处处都是缺憾，就像再黑的夜晚总会有一点星光。

你要拥有一颗椭圆的心，包容大方又坚守原则，心胸豁达，处事公正，这样你的人生一定会有更精彩的明天，你也会拥有椭圆般的美好生活。

学会向别人低头

从前有个秀才觉得自己才高八斗，因此目中无人。他的骄傲自大传到了老师的耳朵里，于是他的老师想要给秀才一个教训。他故意让人开了一扇只有半人高的门，然后让秀才前来说是有事情相商。秀才虽然心高气傲，但是自己的老师叫他前去，也不敢多有推辞。于是就跟着人来到了老师的住处。前面的人很快就从门里走进去了，可是秀才“哐当”一声撞在了门框上，头上顿时起了一个大包。他这才发现原来门只有自己一半的身高，心中气愤难耐，便在门口问老师，您这是什么意思？这么低的门，我这么高的身材怎么进得去。他的老师在里面笑道，我都能进得来，你为什么进不来了呢？我让你师兄去外面接你。没过多久，就看见一个身高比秀才还要高的人从里面走出来。老师在里面说道，你现在能进来了吗？秀才还是摇头说，进不去，我的头都被撞了一个包。老师继续说道，难道你只知道抬着头，不懂得低头吗？要是你低头往里面走，怎么会在头上撞一个包呢？秀才明白了老师的良苦用心，脸上不由一红，低下头很快就走了进去。

我们在现实生活中常常会犯秀才这样的错误，总是习惯抬着头走路，渐渐忘记了原来走路的时候也要学会低头。一直抬着头迟早都会碰到过不去的地方，低头便可很轻易就过去了。我们一直强调自尊的重要性，做人要顶天立地，不能轻易向别人低头，要是这样就会有损尊严，好像向别人低头了就失去了做人的面子和快乐。只有俯视别人才能从中找到生活的快乐，仰视才是弱者该有的行为。

人应该有骨气，不在生活中向别人低下高贵的头颅。要是你见到每一个人都要低头的话，那么你只是一个没有思想和自我的机器，所有的主动权都在别人的手里，就像行尸走肉一样，那么你的人生没有丝毫的意义。可是你要永远都昂首挺胸，活在自我的世界里，那么谁也无法拯救你狂妄的灵魂。

生活就像迷宫一样，我们穷其一生穿过无数的房间，方能找到正确的方向。在穿行的过程中，房间是千奇百怪的，那么门也是高低不同的。所以你要想顺利穿过每一道门的时候，必须有不一样的姿态。当门比你低很多的时候，你不仅需要学会弯腰低头，有时候甚至要爬过去。要是你连头都不会低下，那么只能困在这间房子里寸步难行。因此，人生需要你该抬头的时候绝不能低下头，但是现实情况需要低头的时候，你要是强行抬着头，那只能是自讨苦吃。

我们常常在抬头和低头之间弄反了方向，最后导致自己进退两难。

“将相和”这个故事想必很多人都听说过，这不仅仅是蔺相如心胸宽阔。最重要的是他明白该在什么时候和什么地方低头。当秦王和赵王渑池相会的时候，秦王让赵王为其鼓瑟，赵王不知道是计。鼓瑟结束之后，秦王让手下的人记载某年某月赵王为秦王鼓瑟。蔺相如怒而以命相争让秦王为赵王击缶，逼得秦王只好为赵王击缶，这才挽回了赵国的颜面。因为蔺相如的外交才能和英雄胆色，深受赵王重用。这让一直领兵作战的廉颇心中不服，一个人凭着三寸不烂之舌竟然可以得此高位，让他们这些久经沙场的将军颜面何存。于是廉颇找各种机会和蔺相如对着干。这个时候蔺相如的权力要比廉颇大，也比廉颇更受赵王的宠信，要是他有意和廉颇一争高下，恐怕廉颇只能败北。可是蔺相如知道廉颇对于赵国边境安全的重要性，因此总是避让着廉颇，免得两个人争斗引起赵国内乱，给秦国进攻的机会。凡是遇到廉颇紧紧相逼的时候，他就装作视而不见，一点也没有和秦王拼命时的勇敢。

蔺相如在秦王面前不惜以性命相威胁，可是在廉颇面前却百般退让。这就是因为他知道抬头和低头之间的不同。秦王是外敌，要是自己低头，只会让赵国蒙受损失，这样对于国家的发展是不利的。当国家有难，一个人绝对是不能向外敌低头的，这样的人就是汉奸和卖国贼。可是廉颇是自己人，同为赵国的肱骨之臣，要是自己还是用对付秦王的那套办法，只能让彼此嫌隙更大，让赵国遭遇灭顶之灾。

因此你一定要分得清楚什么时候该低头，什么时候不能低头。当你不再骄傲自大，也不会奴颜媚骨的时候，你就会明白向生活低头不是错，也不是放弃尊严，而是为了让你的头抬得更高。只有在低头的瞬间，你才会将脚下的很多东西看得更清楚，这样就没有那么容易被绊倒，走得更稳更快，头自然也能抬得更高了。

在生活中懂得低头，不是说明你就是生活的弱者，而是更能体现你在生活中的低姿态。俗话说的好，木秀于林，风必摧之。在生活中你要将别人看得重一些，将自己看得轻一些。你若将自己看得太重，难免不会被别人看轻。一个人要想在生活中做出一番事业，必然是在别人眼里很有分量的。所以低头应该成为我们生活中面对很多问题和矛盾的一种态度。有些事情看起来剑拔弩张，不可避免，其实只要有其中的一个人愿意低头，瞬间就会和平解决。退一步海阔天空，低一下头风轻云淡。

孔子曰，三人行，必有我师焉。这个世界上天外有天，人外有人，因此一定要怀着一颗谦虚谨慎的心，不能妄自尊大，目无他人。尤其是在能力和德行比我们高的人面前，更要学会低头，虚怀若谷向他们学习。要是我们不能看到别人的长处，总是觉得高人一等，那么永远都不会有进步，只能跟在别人的后面行走。即便是一辈子昂首挺胸，也是胸无点墨的凡夫俗子而已。人只有永远保持着一颗努力学习的心，奋发向上，这样才能不断成长和成功。

学会向别人低头，并不是要你臣服在任何人的脚下，像奴隶一样

去生活。你的每一次低头都是为了下一次可以将头抬得更高一些，也是为了让以后低头的机会更少而已。

越王勾践向吴王夫差低头，做他的马车夫，为他尝粪便的味道，将自己的头都快要低到三尺尘埃里去了。可是当他再次抬头的时候，就一举将吴国打得落花流水，让吴王夫差国破家亡，最后身死国灭。勾践虽然将自己的头低得再也不能低下去，但最终也将头抬到了所有人都不能抬到的位置。他要是不向吴王夫差低头，恐怕身死国灭之人便是他了。

楚王韩信当年在街上受到地痞流氓的侮辱，让他从自己的胯下钻过去，要不然就要杀了韩信。他什么话都没有说，就从那个流氓的胯下钻过去了，于是后世便流传着“胯下之辱”的典故。要是韩信当时不愿意低头，而是和地痞流氓拼命。结果有两个，一个就是死在流氓的手里，另一个就是杀死流氓。这个结果也不会好到哪里去，杀人偿命，他也难免一死。可是韩信选择了低头，他从流氓的胯下钻了过去。后来他追随刘邦建立赫赫战功，受封为楚王，为汉朝的建立立下了汗马功劳，也成就了自己的一世英名。

别害怕低头，只要你的每一次低头都是有意义的，那就勇敢低头吧！一个头颅的高贵程度不看它曾经向别人低了多少次头，而是要看这颗头颅最后能够抬得有多高。多低头，这样才能看清楚自己脚下的路，才能看清楚身边的人。

一个人要想成就一番事业，那么学会低头就是你必须修炼的本领。你的头能低得有多低，有一天你就能抬得有多高。尤其是你进入职场以后，一定要向那些前辈虚心求教，不可眼高于顶，觉得自己什么都比那些人强。你毕业的大学有可能比公司所有的前辈都牛，但是你的社会阅历和工作能力却不见得和你的学历一样牛。毕业证只是你找到工作的敲门砖，最后要看的还是你的能力。放下自己的骄傲，学习别人的智慧和经验，这样你才能更快的成长起来，在工作中干出一番业绩。即便是遇到某些没有道理的事情和人，也要努力低下头，因为忍耐也是你职业生涯里必修的功课。低着头，并不代表你要将自己的心也踩在脚下。你的头可以低到尘埃里，可是你的心一定要漂浮在高处，看到更远的地方。

在低头的时候，要看清楚脚下的路，为了下一次更好的启程。

请记住，你的每一次低头，都是为了将自己的头可以抬得更高一些。

这个世界上没有绝对的事

小时候我们看电视的时候，总是喜欢给电视剧里面的人物贴上好人或者坏人的标签。在我们的思维、观念里，这个世界上除了好人就是坏人，再也没有什么人了。并且我们坚定不移地认为坏人就是坏人，全身没有一点可取之处。好人就是十全十美的，做什么事情都是对的，我们都应该认可。可随着年龄的增长，我们的认知能力不断增强，渐渐发现其实这个世界上的人并不只是好人和坏人的区分那么简单。有时候，好人也会变成坏人，坏人也会变成好人，而大多数人是不好不坏的人。这主要看他们在什么样的环境之中，近朱者赤，近墨者黑。

我们已经清楚看到了这个世界的两面性，从人际关系和现实生活中懂得了这些道理。可是很多时候很多人依然很难全面去看待一个人或者一件事情，他们喜欢站在自己的角度去看问题，往往让自己走进了死胡同。

有两个人遭到了敌人的追杀，他们一路逃亡到了深山里。可是敌人在身后还是穷追不舍，他们继续向前逃亡。两人最后到了一条大河边，跑在前面的人刚下水就起身回来了，因为他发现水很深，自己不会游泳，一定过不去。另一个人看到同伴停下来，自己也就停了下来。想到身后的敌人马上就要追过来，他想着怎么样才能过河。走在前面的人沮丧的说，这该死的河，我们一定过不去，这次看来是死定了。后面的人说，现在也没有办法了，我们要是不过河，让敌人追上来还是难逃一死。前面的人坐在河边叹息着，就算让敌人杀死，也好过在水里淹死。后面的人却摇头说，你先别这么沮丧，也许水没有想象的那么深，我们可以往前走走再试一下的。前面的人尖叫道，你别下水了，一定会淹死在河里。后面的人没有听他的话，跳进河里向前走去。前面的人想到与其在水里淹死和让敌人杀死，还不如自杀来得痛苦，于是拔出刀自杀了。后面那个人往河中央走去，发现河中央的水并不深，于是回头想让同伴过来，没想到就看到他已经自杀身亡，只好独自涉水而过，逃命去了。

正是前面那个人的一句这条河绝对不能过去葬送了自己的性命。其实他连真正的尝试都没有尝试过就凭着浅尝辄止下了定论，不管这条河是不是很浅，在他心里的河已经即深水，深不可测。所幸后来的人没有听信他的一面之词，而是通过自己的探索找出了一条逃生之路。

要是他听从了同伴的话，恐怕也只能是死路一条了。

这个世界上没有绝对的事情，最重要的就是我们要有勇于探索的精神，绝对不能人云亦云，轻易听信别人的话。实践出真知。只有经过自己的检验才能确定事情是否可行。很多人就像前面那个人，不是没有检验，可是这样的检验还不如不检验，只会让自己陷入更加无奈的境地。事情是不是绝对就是那样的，你只有自己经历过才会清楚。

人类的科学发展史就是一部不断推翻绝对论的过程，不断有人推翻前人的结论，拿出新的证据证明那些曾经看起来完美无缺的论证都是错误的。因此这个世界上没有绝对正确的人，自然也就不会有绝对的事情。地球永远处于转动之中，时间总是每分每秒流逝，没有什么是完全可以确定，不会改变的。

有些事情在某个时间点它绝对是正确的，可是经历一段时间的变化之后，就不再是正确的。世界处于运动之中，因此没有什么是绝对不变的。

很多事情都是相对的，就好像权利和义务是对立统一的一样。在你享受了权利的同时，就要承担你的义务。不能只享受权利，而逃避责任。在这个民主自由的社会里，没有人拥有绝对的权利，可以不承担相应的责任。看事情你要站在事情的对立面去看，就会发现不一样的东西。因此，凡事都要多角度去看待，这样才能避免绝对论的错误。

绝对论的思想往往会误导人，一旦有了这种思维，看事情的时候就看不到事情的本质，更加不能客观地去评价一个人或者看一件事情。当你认为某件事情是绝对正确或者错误时，你就已经走上了错误的道路。尤其是这种先入为主的思维，更是会把事情做砸。

有两个一起进公司上班的青年，被分配到了同一个岗位上。其中一个青年对什么事情都喜欢用十分肯定的口吻；另一个则是相反，遇到什么问题总会说不一定是这样的。有一次老板给两个人分配了任务，让他们去检测一台机器的故障。两个人检测之后，一个青年说，我看一定是发动机坏了，要不然机器怎么会不动了呢？另一个青年摇头道，我觉得好像不是发动机的问题，刚才检查了也没有发现什么毛病。前面的青年固执己见说，那别的地方也没有发现问题啊！不是发动机的问题才怪。于是他跳下去想要打开发动机进行维修。另一个青年阻止了他，让他稍等片刻让自己再下去看看。两个人又重新检查了一遍，那个说发动机坏了的青年还是坚持自己的意见。另一个青年在脑海中将机器不运转的几种情况在脑海中迅速过了一遍，最终找出了原因。原来是机器里面的一个齿轮坏掉了，和发动机没有关系。两个人换了齿轮之后，机器就恢复正常的运转了。

正是第一个青年认为绝对是发动机的问题，没有考虑过别的情况。这也导致了第二次检查的失误，他认为一定是发动机出了问题，所以别的地方就不会太过注意，一心想从发动机上找出问题。要不是另一个青年阻止，估计这台机器需要瘫痪好几天了。

人千万不能有绝对的思维，这就像没有回头路的悬崖，等你走到尽头的时候，就会明白自己早已经身悬半空了。理性的思维方式就是遇到事情之后多问几个为什么，从多方面考虑事情，这样解决起来也会比别人快出许多。发散式的思维，正好可以将绝对论推翻。

尤其是你在工作中遇到的人和事情，不能用绝对的眼光去看待。这个人不擅长唱歌，并不代表也不擅长书法。这个人性格有点急躁，并不能说明这个人不好相处。每个人在不同人的眼里总有不一样的地方，你看到的不一定是正确的，更不可能是全面的。你站在不同角度看别人，用相对的眼光去看，就会发现那个人与众不同之处，更加有利于你和对方成为朋友。没有上司会喜欢一个凡事都说绝对的人，这样会让别人觉得你没有通过大脑思考，只是敷衍了事而已。你从不同的方面说明一件事情，让别人会更加全面了解你的思想，也会给别人更多的启发。公司需要的就是思维活跃的人，永远都不会喜欢不懂变通之道的人。

世事无绝对，所谓的绝对不过是你心中的执念而已。抬头去看看天空之中的云彩，它永远都是自由自在的飘荡，没有什么固定的形状，一会儿像棉花糖，一会儿又像羊群。这就是我们身处的这个世界本来的样子，所有的事情都会发生变化，不是正在变化，就是将要变化。几千年的岁月变幻，沧海变成了桑田，海洋变成了沙漠，山崩地裂，日月轮回，一切都在万般变化之中。没有一朵花可以常开不败，没有一个人可以长生不老，没有一年会永远停留在春天里。你看不到永远都不会改变的东西，岁月会将一切掩埋。

一个人要是认为什么是不变的，那么只有一个结局，就是被这个世界所淘汰和遗弃。只有懂得顺应潮流的人才能成为时代的弄潮儿，墨守成规，不知变通是阻止一个人成功的最大障碍。

黑夜中的灯火

序言——

当你独自行走在一片漆黑的夜色里，是否会感到孤独和害怕？是否会在某一瞬间感觉失去了方向，不知何去何从？可是你又不能从伸手不见五指的黑夜里逃脱，你是否想要看到一盏明亮的灯火在前方点亮，为你照亮远行的路？

你一直在等待那盏灯火亮起，等得心急如焚，就是看不到一点灯火的踪影，于是只能在黑夜里无奈的徘徊。你听见耳边有虫子鸣叫的声音，鼻息之间忽然闻到一阵百合花的清香，抬头之间看到了天空里有一颗明亮的星星，你感觉到熟悉的暖风吹拂过你的面庞。你心中的灯火骤然点亮，将整个夜空都映照得一片透亮。

其实，黑夜里的灯火，在你的身边随处都是：每一朵花，每一株草，每一声虫鸣都是一盏灯火，只要你心中有火种就好。行走在黑夜之中，不要害怕找不到路，因为路依旧是白天的路，只是你的心蒙上了一层和夜色一样的纱，这才看不清前面的路。

我们每个人都是自己生命里独一无二的一盏灯火，不离不弃，不息不灭，一直陪伴我们走到生命的尽头。只是有的人点亮了，有的人一辈子都在黑暗中而已。

黑夜中的灯火，一生的光明和温暖。

逆风的蔷薇

人生如逆水行舟，不进则退；生命如春花秋月，不动则休。

我们在现实生活中会遇到各种各样的逆境。如何战胜逆境，向前行进，这是每个成功人士必须要经历的过程。有句网络名言这样说，你连人都没有生过，谈什么人生？你连逆境都不曾经历，何谈成功？当你遭遇逆境却选择逃离的时候，自然也没有资格去享受成功的喜悦。逆境，就像一座需要你去征服的高峰，一条需要你去丈量的路程。走过去，就是春暖花开；停下来，便是寒风萧瑟。

面对逆境的时候，每个人都会产生恐惧的心理，这是一个人正常的反应。逆境代表着不确定的未来和困难，我们因为各种原因总会担心不能战胜逆境，就算经过自己的努力也是无济于事。因此克服这种恐惧心理是我们战胜逆境的第一步，只有迈出你的脚步，你才有摆脱逆境，走向明天的机会。

从前有只乌龟和兔子约好要去泰山游玩，可是两人都在秦岭的山脚下。他们说好第二年春天出发。春天到了，乌龟去约兔子出发。那天正好阴云翻滚，看起来快要下雨的样子。兔子说从这里去泰山相距千里，不知道什么时候才能到达，再说了路上会有很多危险。乌龟摇头说，我们还没有出发，你怎么知道会有很多危险。就算是有危险，我们也可以努力克服啊。去泰山游玩可是我们的梦想啊！兔子一想到去泰山要走那么多的路，还要经受刮风下雨，说不准路上还会遇到自己的天敌。最后他推脱自己身体不舒服，让乌龟先走，自己过两天就去找他。乌龟信以为真出发了，他想兔子比自己跑得快，后面很快就会追上来。当乌龟慢慢爬到了泰山，还是没有见到兔子的踪影。当他回来的时候，看见兔子还在家里待着。兔子问乌龟，泰山的风景好吗？乌龟笑着说，你是永远都不会知道的。

很多人在还没有真正面临逆境的时候，就已经选择了放弃。乌龟虽然走得慢，可是他敢于面对前方的逆境，勇敢向前走，因此实现了自己的梦想。兔子跑得比乌龟不知道快多少，可是在逆境面前，他选择了退缩，所以只能停在原地。生活中的我们要有乌龟的胸襟和气魄，不管前面有怎样的困难，只要我们敢于出发，就一定可以成功到达目的地。

这个世界上有些人生下来就在苦难之中，一生都在逆境中生存。可是他们顽强的就像一朵盛开的蔷薇花，不管经历多少狂风暴雨，也会开出属于自己的颜色。面对逆境，他们不屈不挠，就像钢铁巨人一般坚强不息，用努力的火种点亮生命的灯。

多年前的一部电视剧《汪洋中的一条船》感动了无数人。男主人公郑丰喜从出生就是残疾人，这是他没有办法改变的现实。这样的事情发生在很多人的身上都会自暴自弃，觉得自己是个百无一用的废人，这辈子只能成为家人的拖累。可是郑丰喜并没有这么想，他费了很大力气上了学，学习十分刻苦，成绩也相当出色，最后考上了一所师范院校，成为了一名人民教师。他没有进行自我放弃，上帝也没有放弃他。虽然让他付出了比别人更多的心血，但也让他的精神世界更加丰富。正是这份面对逆境敢于挑战的勇气成就了郑丰喜的一生，而且还让他拥有了美丽的爱情。这就是命运的选择和角逐，不管你身处什么样的环境，只要你足够坚强和努力，就一定会成为人生的强者。

同样有些人本来可以很好的过完自己的一生，中途却因为某些原因陷入了人生的低谷。看起来他们好像比那些天生就生活在逆境中的人幸运一些，至少他们可以享受一段美好岁月。其实这样对一个人更加残酷，因为不幸总是来得很突然，让他们变得手足无措。本来意气风发的青年，一夜之间却愁白了头发。本来大展宏图的年纪，却只能独自消沉。可是依然有人在遭遇飞来横祸之后，活得有声有色，十分精彩。面对上帝突然的责难，他们在惶恐之后很快就变得云淡风轻，安然自若了。

已经过世的作家史铁生就是这样的一个人。他曾经在散文中写道：一个本来应该张狂的年纪，却忽然坐在了轮椅上，他甚至都想过去死。可是母亲无微不至的关怀最终让他放弃了轻生的念头，选择无比坚强的活下去。劫后余生的史铁生正如自己的笔名，像钢铁一样生活在这个世界上。我们正常人无法体会那些身患残疾的人的痛苦，可是我们能够感受到他们和我们一样热爱生活，对明天和未来充满美好的希望。史铁生病了以后，写下了许多感人至深的文章，为我们所有人都指出了一条面对逆境的路。身处逆境的时候，你需要的不是抱怨和沮丧，因为这一切都不会给你任何的帮助。你只能不断调整自己的心态，努力向着更好的方向看去。这个世界没有人可以抛弃你，放弃自己的人只有你自己。

有人说人生本无逆境和顺境的区别，最主要的是看你怎么来看待环境而已，这句话也有几分道理。当你身处顺境的时候，却不思进取，整日无所事事，总有一天会陷入逆境之中。这个世界上万事万物都是不停转动的，没有什么会是永恒不变。当你身处逆境的时候，你要保持着积极乐观的心态，通过自己的努力改变自己的处境，这样迟早都会苦尽甘来，迎来翻身的一天。我们控制不了天气，可是我们可以选择应对天气的方式和心态。下雨的时候，我们可以撑着伞挡雨，天晴的时候，我们可以选择面朝阳光，呼吸新鲜空气。只有能在逆境和顺境之间来回转换的人，才能更加明白生活的真理。

有两个老和尚在山里参禅论道。一年冬天，两个人在郊外的雪地里煮茶论道。一个大师问道，你现在看到了什么？另一个大师抬头看见一片白雪茫茫，别的什么都没有。于是低头说道，除了一望无际的雪地，别的什么都没有啊！大师继续说道，你再看看，那里不是还有一束枯萎的草在风里摇摆吗？另一个大师追寻老和尚的眼睛看去，不远的地方果真有一束干枯的草，可是草色已经变成淡淡的灰白色，在雪地里很容易被忽略掉。大师说，你还看到了什么？他向四处看了一下，摇头道，没有了，除了那束枯萎的草，就剩下雪地了。大师又指着天边说，你看那边不是有灰色的云朵飘过来吗？他一看果真如此。这时候，天降大雪，两个人起身往山上走。走到半路的时候，大雪已经封路了。两个人被困在了山里。这时候其中一个大师说往回走吧！另一个大师又说，你现在看到了什么？他不耐烦地说，能有什么？就是这漫天风雪啊！大师捻须笑道，我看见前面有一条通往山上的路。他听闻此言，微微一笑，跟着老和尚向前走去。

人处于逆境的时候，一定会遇到进退两难的境地，让你觉得无从着手。这时候就需要老和尚的慧眼识珠了，你要看到逆境中那些好的东西，尽量让自己的思维活跃起来，而不是让眼前的困境将自己控制。人生没有绝对的逆境，就算是在逆境中，也一定会有有利的因素，这就要你静下心来去看了。只要你能从逆境中看到好的方面，那么那些不利的因素也会发生改变，你身边的环境慢慢就会发生转变，最后逆境也会变成顺境。生活中最可怕的不是什么逆境，而是你在逆境中的沮丧和自我放弃，这样你只能永远沉浸在逆境的悲伤里，顺境也会绕开你去寻找别人。

天将降大任于斯人也，必先苦其心志，劳其筋骨，饿其体肤，空乏其身，行拂乱其所为，所以动心忍性，曾益其所不能。

人生的每一次逆境都是上帝对你的考验，只有经受住了这些考验，你才能一次又一次战胜逆境，不断向前，走向辉煌。人生的奋斗史就是一部和逆境相互斗争的历史，战胜逆境，你就是人生的英雄；败给逆境，你便是默默无闻的凡人。

逆风的蔷薇，当你有了迎着风雨开放的勇气，那么不要再犹豫，努力绽放吧！即便是漫天风雨最后将你凋零，至少你曾经为自己盛开过一回，总好过没有盛开就已经凋零。当你熬过风雨的时候，一定会迎来阳光明媚的晴天，开出独一无二的颜色。

不忘初心，方得始终

人有两条路要走，一条是必须走的，一条是想要走的，你必须把必须走的路走漂亮，才可以走好想要走的路。

那条必须走的路所有人都是相同的，诸如我们在这个社会上要扮演的某些角色。每个人都是父母的孩子，老师的学生，孩子的家长，这是谁也没有办法脱离的现实，这是我们处于这个社会上的人际关系，无从选择。只要你生活在这个社会上，你就必须去遵从。父母将我们养育成人，我们要为父母养老送终。老师教我们学知识和做人，我们就要对老师心存感激。我们生下了孩子，就有义务让他们健康快乐的成长。这就是我们每个人都必须要走的路，要是不走这条路，那就不成人了。

走好这条路以后，我们还有自己想走的路，那条路就是我们自己的梦想。在将你该尽的义务尽过之后，我们就要努力为自己活，这样的人生才有意义。每个人都有自己的梦想，有自己喜欢做的事情。人生短短几十载，弹指一挥间就过去了，所以我们要好好珍惜。想去做什么事情，趁着还年轻还有机会就去做，不要等到以后追悔莫及，毕竟岁月不待人。

可是在现实生活中，大部分人走在第一条路上，走着走着就忘记自己想走的路。人生有时候确实有很多的无可奈何，不容我们随心所欲的选择。可是这不应该成为我们放弃第二条路的理由，不管能不能走得到，都要努力去走一回，这样你的人生才有意义。生活最可怕的不是苦难，而是让我们变得麻木，忘记自己曾经想要的生活和追求的梦想。

2003 年，一个老农造飞机的新闻让曹正书成了名人。曹正书是四川绵阳安县人，有一天做了一个关于飞机的梦，于是在心里发誓一定要造出一架飞机。但是因为家穷没有读过一天书，他从小就和家人一道埋头于田间劳作，是个文盲。后来安县永河镇成立农机维修站，曹正书和另外 12 名青年被选为技术员。不到一年时间，曹正书就把车、焊、铣、铆、钳和发动机修理等各种工艺学得样样精通，成为维修站里的技术顶梁柱。掌握了技术，少年时的梦又浮现出来。他想，造飞机虽然是高科技，毕竟也是人制造出来的，别人能造，我为啥就不能造？于是曹正书又开始自己的制造飞机之旅。这一制造就是 20 年，一共制造了 5 架飞机，没有一次试飞成功的，直到最后都没有成功。

他只是一个地地道道的农民，大字不识几个。可是为了小时候的一个梦想坚持了20多年，一次又一次的失败也没有阻止他制造飞机的热情，他相信自己最后一定能成功。这样的事情要是放在别人身上，恐怕只当做了一个梦就过去了。就算是愿意尝试，想必经历过几次失败也会放弃。可是曹正书一直抱着这个念头，他坚信自己的飞机一定能上天，从来没有想过放弃。这是一种十分可贵的精神。一个人愿意为了自己的梦想奋斗一生，就已经值得所有人尊敬。

曹正书向我们说明了两件事情。第一件事就是走好必须走的路之后，我们可以走自己想走的路。虽然很难，可是只要你愿意努力，就一定会感受到这条路上的幸福和快乐。第二件事就是不要忘了自己的梦想，这样你才有可能去实现它，才能让自己的人生没有遗憾。不忘初心，什么时候出发都不会太晚。

不忘初心，方得始终。曹正书没有忘记自己最初的愿望，可是也没有得到自己想要的结果。

这也告诉我们不忘初心没有错，可是一定要根据现实情况去做。假如曹正书不是一味去制造飞机，而是去学习制造飞机方面的技能，或许他的飞机就可以飞上天了。所以，不要忘记自己的追求，同时也要放开眼界，多去学习新的东西，这样得到自己想要的结果会更容易一些。

因此请牢记你心中的理想，然后不断充实自己的知识，增强自己的能力，这样你实现梦想的道路会更宽阔。有些路，你不走下去，就不会知道后面会有多美丽。

生活中有相当多的人，不是因为其它原因忘记了初心，而是经受不住这个花花世界的诱惑，最后人生的防线失守，放弃了自己一直想要去做的事情。当今社会诱惑确实太多，五花八门的东西总会让人很容易迷失，最终连方向都找不到，更别说守住初心了。

没有一个贪官污吏从一开始就想要变成社会的蛀虫，他们很多人最开始也想成为和包拯、海瑞一样两袖清风的清官好官，为官一任，造福一方。可是在财色利益的诱惑之下，他们人生的道德底线不断下降，最后掉进了贪污受贿的窟窿里。变成了为官一任，祸害一方。正是因为他们忘记了自己最初的心愿，才导致后来的沉沦。要是他们时刻将当好官清官的这个初衷记在心头，也不至于最后落得身陷牢狱，遗臭万年。

很多人年少时都有远大的理想和抱负，可是成年以后很少有人实现了自己当初的梦想。这就是忘记初心的缘故。有人想要成为钢琴家，可是每天看到别人放学之后玩游戏很快乐，于是就不愿意坐下来练琴了。岁月蹉跎，很快就忘了自己想要成为钢琴家的梦想。有人一心想成为哲学家，可是看到哲学书籍的枯燥乏味，于是就换成了别的书去看，因此距离哲学越来越远，当然也就不可能成为哲学家了。

现实生活中这样的例子不胜枚举，我们总是有各种各样的借口和理由去做别的事情，忘记坚持自己曾经想要去做的事情。俗话说，台上一分钟，台下十年功。一个人的成功必定是经历过漫长的学习，绝不是一朝一夕就可以的。正是因为我们不能静下心来，才导致梦想的湮灭，最后沦为一个普通人。不忘初心，需要我们持之以恒的去努力，这样才有最终成功的可能。

一个人只有将自己受外界干扰的因素降到最低，才能更好的去实现自己的理想。要是六根不净，心神不宁，总是这也想要，那也不能放弃，你的初心很快就淹没在世俗的臭水里，连你也会忘了自己到底想要干什么，最后整个人也会掉进臭水里。

钱钟书成名之后，他给自己定了一个规矩，就是不去参加一些乱七八糟的活动，也不接受记者的采访，专心写自己的文章，过自己的生活。因为他知道自己想要什么，只是想好好写文章，别的对他来说都是身外之物，没有什么影响。正是凭着这股不忘初心的痴劲，钱钟书之后又写出了许多佳作。假如他每日在各种各样的社交场合，怎么会有时间和心思写出好的文章。正是钱钟书不忘初心的这种品质，让他成为了人生最大的赢家。

古往今来，有很多成就大事的人。一生只做一件事情，他们将自己所做的事情做到了极致，为此付出了一生的心血，最后也正是这一件事情让历史记住了他们。人生难得不是做多少事情，而是可以专心致志做好一件事情。那些没有忘记自己最初梦想，为之坚持了一辈子的人，往往都是人生最后的赢家。他们用自己的行动告诉世人，努力去做好一件你自己最想做的事情，这样你的人生就会变得很精彩，你也会获得最后的成功。

2004 年 12 月 3 日，世界闻名的数学大师陈省身在天津逝世，走完了 93 岁的人生之路。人们从他的文章中知道。他有一个信条：“一生只做一件事。”他经常对人说，自己只会做一件事，那就是数学。他爱数学，有一个很简单的原因是，数学简单，只要一张白纸和一支铅笔就行。他说他不喜欢复杂的人际关系，也不会处理这些关系。面对一道道数学题，面对白纸和黑板，他会如老僧入定一样，把尘嚣摒绝于外。于是，他的一生得到了最大的成功，他的生命能量发挥到了极致。杨振宁说，陈省身是可以与阿基米德、高斯和嘉当并列的数学伟人。

不要被这个花花世界所诱惑，在别人那里可以做的很好的事情，到你这里不一定可以做的同样好。一个舞蹈家去做歌唱家的事情，即便是做的不错，可是一定没有歌唱家自己做得好。舞蹈和唱歌并不完全是一回事。因此，不要站在一山更看一山高，要站在一山看一山，不要忘了自己可以做什么，不能做什么。

不忘初心，方得始终。一辈子做好一件事情，你就是一个成功的人，一生对自己喜爱的事情不轻言放弃，你就是一个勇敢的人。

凤凰浴火，涅槃重生

传说中的天方国，有一对神鸟，雄为凤，雌为凰。满500岁后，集香木自焚，复从死灰中更生，从此鲜美异常，不再死。雄奇的大黑山上，全彩激光灯映射出长达数公里的时光隧道和漫天的云彩，高达10米的烈焰从山顶喷薄而出，飞瀑飞流直下，在水与火的交融中，凤在歌鸣，凰在和弦，演绎一部500年前的神话，一个流传千古的美丽传说。正是凤凰具有这种浴火的勇气，才能长生不老，成为我国神话传说中的神鸟，千百年来受到人们的尊崇。

自然界的涅槃重生最有名的莫过于鹰了。老鹰是自然界中寿命最长的鸟，据说可以活70年之久。可是当老鹰活到40岁的时候，它的喙、爪子、羽毛都已经老化，这时它必须飞到悬崖上，用岩石把喙敲掉，让新的喙长出来，把爪甲拔掉，让新的爪子长出来，把羽毛拔掉，让新的羽毛长出来，5个月以后才可以重新飞翔。这样它可以再活30年。

老鹰正是经过这番艰苦卓绝的磨难，才能够获得重生，又将自己的生命延续了三十年。它要将自己全身最重要的部位全部都换一遍，这种痛苦想必是我们无法想象的。可是让你将自己的牙齿全部磕掉，指甲全部拔掉，那种撕心裂肺的疼痛想起来都让人毛骨悚然。可是老鹰做到了，因此它成为了天空的主宰，让所有的飞鸟都臣服在它的羽翼之下。

人生就要有凤凰浴火、涅槃重生的气概。对于大多数人来说最可怕的不是人生最开始的失败，而是站在最高点突然从云端坠落的感觉。很多人在还没有成功的时候，面对失败总是能够比较冷静地分析，可是一旦功成名就之后，面对突如其来的失败反而会变得手足无措，一蹶不振。这个时候他们已经很久没有尝过失败的滋味了，也早就忘记人生还有失败这回事情。巨大的荣誉感让整个人都变得看似强大无比，实则内心脆弱。人都是害怕失去自己已经拥有的。可是胜败乃是兵家常事，谁也不能保证自己一辈子赢了就再也不会输，或者永远都是输不会赢。在看待胜败之事的时候，一定要两眼清明，心如止水。即便是从成功的顶峰失足坠落，只要没有伤及性命，就要拥有凤凰涅槃、浴火重生的精神。

这几年云南的褚橙远近闻名，比褚橙更有名的是褚时健。这位已年近古稀的老人在垂暮之年让自己的人生又一次迎来了第二个春天。褚时健最早是中国红塔集团的董事长，他带领着自己的团队在 18 年里将一个频临倒闭的卷烟厂发展成为全亚洲最大的卷烟厂，为国家创造了数千亿的财富。可是后来因为没有经受住诱惑，在退休之前被告贪污受贿。最后被判无期徒刑后改判为17年的有期徒刑。褚时健的女儿在狱中自杀身亡，这对于一个花甲之年的老人来说是最惨痛的一跤。所有人都以为褚时健这辈子算是完了，安度晚年对他来说应该是最好的选择。可是褚时健做出了一个出乎所有人预料的举动，而是承包了2400亩的荒山，开种果园。这一年他已经75岁，身体也不是很硬朗。褚时健脱掉西装，穿上农民的衣服，和自己的妻子在山上开始了苦干。于是就有了后来的褚橙，让他再次声名远扬。

褚时健曾经是亚洲最大的卷烟厂掌门人，大权独掌18年。最后因为贪污受贿被判入狱，从人生的云端坠入了地狱。后来女儿的死对他来说又是一次沉重的打击。对于一个正常人来说，第一个打击已经足够崩溃，何况对于一个老人，还要经受后面的丧女之痛。可是褚时健不管怎么样都挺下来了，没有因此消沉下去，反而开始了人生的第二次创业，一切从头开始。最后他又成了人生的胜利者，让罩在头顶的乌云散去，阳光普照着他的一生。

人生最可怕的永远都不是失败，而是在经历失败之后没有选择奋起，变得意志消沉，没有了往日的斗志。人心一旦涣散，那是什么药都医不好的。其实人生的失败没有什么与众不同，成功之后的失败只不过是比成功之前来得更晚一些而已，也让我们知道什么才是真正的失败。相对于成功之前的失败，成功后的失败需要我们拥有更大的魄力去面对。因为这个时候所有人都在看着我们，有人在嘲笑，有人在期待，有人在沉默。因此只有站起来才是最好的选择。

凤凰涅槃最重要的还是要有放弃一切从头开始的勇气，如果没有这股前无古人、后无来者的英雄气，那么连浴火的机会都没有，更别说是重生了。当凤凰跳进火堆里，就要想到自己有可能被火烧死的结局。当老鹰将自己羽毛拔光的时候，就要想到可能会遇到自己的天敌，没有翅膀它根本就无法逃走。所以说人生的每一次欲火重生，都是对生命的一次全新挑战。你必须做好随时牺牲的准备，也要有必胜无疑的决心，做好承受一切苦难的准备。

每个人都会遇到浴火重生的时候,可是很多人因为没有做好准备。在没有浴火之前就已经缴械投降,只能孤独死去。有些人在浴火过程中，因为无法忍受浴火的痛苦，最后也只能葬身火海。

西楚霸王项羽在很多人眼里应该算得上是英雄吧，其实也不过是个莽夫而已，尤其失败的时候，别说重振雄风了，他连面对的勇气都没有。楚汉相争多年，项羽逢战必胜，打得刘邦抱头鼠窜，甚至将自己父亲妻儿推下车让项羽所俘虏。项羽成了名副其实的战神，很多将军对他是闻风丧胆。可是垓下一战，这是楚汉之争中项羽的首败，最后却是一蹶不振。当刘邦派人将项羽围住的时候，他不思如何破敌，杀出重围，反而意志消沉。单枪匹马逃到乌亭的时候，船夫让他乘船归去，日后再来和刘邦一较高下。这时候项羽却说了一句无颜以对江东父老，便引颈自刎而死。其实他不是没有颜面见到江东父老，而是没有面对失败的勇气，所以选择了一死了之。要是项羽当时逃回江东，凭着长江之险，江东子弟的英勇善战，日后打败刘邦也是尚未可知的事情。项羽放弃了浴火重生的机会，也就彻底丧失了争霸天下的机会。

他连浴火的勇气都没有，从人生的高峰掉落之后没有摔死，自己却走上了黄泉之路。这样的人绝对难成大事。一个人在顺境之中要懂得节制自己的欲望，在失败之后一定要有东山再起的决心。这样即便是你失败了 100 次，也会再第 101 一次获得成功。

毒品泛滥的当代，很多瘾君子被关在戒毒所里强行戒毒。其实戒毒过程就是一个人浴火重生，凤凰涅槃的过程。让你和自己从前那些不好的过往一刀两断，开始一段崭新的生活。可是吸毒上瘾，很多人戒毒之后，又会选择复吸。他们忍受不了戒毒过程中的那种艰辛，也无法抵制毒品对自己的诱惑，一次次沉沦在吸毒的快感里，将自己送上了一条不归路。凤凰浴火的痛苦不是一般人可以忍受的，因此重生的感觉也是一般人无法拥有的。只要你能忍受住浴火的疼痛，就会换来生命的再一次重生。

没有经历风雨的果实不会甜美，没有经历失败的人生不会完整。只有在经历失败之后重新站起来的人才能体会成功的喜悦，感受到生命蓬勃向上的活力。

经历失败之后和挫折之后，只要你有非同凡响的勇气，坚韧不拔的意志，每个人都是涅槃重生的凤凰，都会飞向更加美丽的天空。

岁月常在，不争朝夕

古人云，一寸光阴一寸金，寸金难买寸光阴。用此来说明时间的珍贵，黄金有价，光阴无价。没有人可以用钱买到时间，今天过去了就永远过去了，再也回不到这一天。所以古人劝告我们要珍惜时光，不要蹉跎岁月，任时光匆匆流去。

时间确实是无价的，这个世界上没有任何东西可以和时间比价。因为时间可以创造出所有的东西，但是没有东西可以挽留时间的脚步。时间是最神奇的东西，来无影去无踪，世人唯有在它温柔的怀抱里安然度过自己的一生。一个人的一生和时间相比起来，简直就是大海里的水珠，沙漠里的沙子，渺小得没有什么存在感。因此一个人要是想在有限的一生里，在岁月的长河里，留下自己的影子，就必须懂得珍惜时光，利用时间去学习和创造自我价值。

曾国藩曾经说过天可补，海可填，南山可移。日月既往，不可复追。时光一去不复返。现代人正是在这种争分夺秒的时间观念下，将自己的生活变得忙忙碌碌。一边埋怨生活节奏太快，另一边却总是担心自己的时间不够用，和时间赛跑成了每个现代人生活的常态。人是不可能跑过时间的，可是为什么还要如此挣扎呢？因为害怕韶光易逝，自己一事无成，看到别人香车宝马，自己却是两手空空，就再也停不下来了。仿佛只有不断地奔跑，就可以拥有一切。

从前有个老头和老婆子去山里砍柴，两个人到山里的时候已经中午了。老头子拿起砍刀就开始拼命砍柴，老婆子则在地上捡一些干枯的树枝。两个人一直忙乎到傍晚，天色快要暗了。老婆子发现老头只砍了很少的柴禾，她好奇地问，你怎么才砍了这么一点柴禾，还没有我捡得多呢？老头子累的气喘吁吁说，你没看见我一直在砍柴吗？快要累死我了，还没有缓过一口气呢？老婆子说道，你这么累，能砍的动吗？还不如坐下来好好休息一会儿再砍柴。老头子摇头说，不了，时间本来就不长，哪里还有功夫缓口气啊？老婆子慢悠悠地说，时间还长啊！我们明天后天也可以来砍柴啊！她走过去又看见老头的砍刀上已经出现了好几个大豁口，这样的刀是极不容易砍柴的。老婆子拍拍他的肩膀说，老头子，你的砍刀是不是应该磨磨了，都钝成这个样子，还怎么砍柴。老头不耐烦说道，我说了时间太紧，根本就没有功夫磨刀，你看我现在不是在用这把刀砍柴吗？很快天就黑下来了，老婆子和老头子背着很少的柴禾回家了。第二天，因为砍柴劳累过度，老头病倒了。

我们之中绝对不缺少像老头子这样的人，只知道抢时间闷头苦干，别的什么事情却不会多想。假如老头子砍一会柴之后就坐下来休息一会儿，他的体力是不是会更加充沛一些，这样砍柴是不是会更有力气呢？如果老头子可以隔一段时间就将自己手里的砍刀磨一下，砍刀变得锋利了，这样砍柴一定会容易不少，也能为老头子剩下不少力气。可是老头子一直想着天很快就要黑了，这一天很快就要过去了，自己必须抓紧时间，绝对不能浪费一分钟。老婆子那句话说得很有道理，明天后天也可以来砍柴啊！并不是只有今天才能砍柴的。老头子和时间赛跑，它最后赢了吗？第二天病倒了，再也不能上山砍柴了，卧病在床浪费掉的时间一定比他休息和磨刀的功夫长许多。

俗话说得好，磨刀不误砍柴工。也就是说工欲善其事，必先利其器。可很多人因为觉得时间紧迫，往往还没有做好准备，就匆匆忙忙上路了。在途中也不懂得停下来，就想着一口气跑到终点，结果最后累死在了半路上。时间对于我们来说是无穷无尽的，就像取之不绝用之不尽的海水，因此我们没有必要把每一天都当做人生的最后一天，或者每一天都是跑步前进的姿态，我们可以停下来看看路边的风景，慢慢沿着某条小路散步。人要是因为渴望到达终点，而忘记了沿途的美丽风景，那么多半是到到不了终点的，即便是到达了，也会有很多的遗憾。

人生的每一天都是独特而平凡的，它的独特之处在于一去不复返，它的平凡之处在于其实每天都是二十四小时，不会多也不会少，每天的天气也就是风晴雨雪之类的，我们的生活也是工作和学习，吃饭睡觉，没有什么与众不同。因此我们既要看到时间的独特性，同时也要正视它的平凡性。不能因为每一天都是永远的过去，而让自己永远处于高度的备战状态之中，也不能因为每天的生活都是如出一辙，而失去了生活的热情。

岁月就像一条长河，我们只不过是河上的一朵浪花。你可以尽情嬉戏和玩耍，但是绝对不能跳出这条河，要不然你的生命很快就会结束。所以珍惜时间不代表着只争朝夕，让自己愉快幸福度过此生才是最重要的。

岁月长在，何必忙坏，人生在世，不争朝夕。

黑夜中的灯火

月有阴晴圆缺，人有悲欢离合。这个世界有白天和黑夜之别，人生之路自然也有光明和黑暗之分。我们总是从光明之中走入黑暗，就像白天结束之后，黑夜的悄然降临。又从黑暗中走到光明之处，就像启明星划破寂静的夜空，东方亮起了天光。

当人生像白天一样阳光灿烂风轻云淡的时候，每个人都是轻松愉悦。可是生活就像白天和黑夜的交替，谁都不可能永远留在白天，总要迎接黑夜的来临。当我们走进黑夜的时候，整个世界都会变成一片漆黑，我们就像坠入了无底的深渊。因此很多人会在人生处于黑夜的时候迷失方向，不知道走向何处。

从前有一片坟地，传说是孤魂野鬼的聚集之地，夜里不管是谁走到那里都会迷路的。因此众人从来不敢在夜里从那片坟地旁边经过。有一天夜里，有个云游四方的僧人从那边走了过来，所有人都觉得十分好奇。有人问僧人，难道你在那片坟地里没有遇到鬼吗？僧人笑道，鬼不在那片坟地里，在你的心里。又有人追问道，听说那里晚上会有迷魂阵，你是怎么走出来的。僧人又笑道，因为我的心里有一盏明亮的灯火，所以我看得清楚。

人都会有在黑夜里行走的时候，正如每个人都会迎来生命中的黑夜。僧人和常人并没有什么不一样之处，他只是看得十分通透。黑夜不过是白昼蒙上一层黑色的面纱，山依旧是山，水依旧是水，路还是白天的路，不能因为它们蒙上了一层黑纱，我们的眼睛就看不到了。上帝给了我们一双黑色的眼睛，却要用它们来寻找光明。眼睛就是黑夜中的灯火，指引着我们前进的方向。在面对黑夜的时候，我们一定要像那位僧人一样擦亮眼睛，点亮心中的灯火，这样再黑的夜晚都会过去的。

这一生有很多的黑夜，也会有很多的风雨。因此在黑夜里要看到光明，要懂得抬起头看向远方的那一盏等你归去的灯火，那里便是你的归宿。

曾经听说过这样的一个故事，有一家人住在海边，穷得家徒四壁，可是每天晚上这家人都要在茅屋外面挂一盏油灯，要是遇上有风浪的时候，还要有人彻夜守着油灯，害怕被海风吹灭。他们穷得有时候连锅都揭不开，可是从来没有让油灯灭过。每天晚上不管是刮风下雨，还是星光灿烂，那盏油灯都会很准时的亮起。有一天有个行船的商人问那家的长者，你们家都穷成这个样子了，为什么不用买灯油的钱去换点粮食，每天晚上点灯有用吗？长者没有说话，只是微微一笑。商人没有理会就和伙计们出海了，回来的时候很不巧，在海上遇到了大的风暴，众人很快就迷失了方向。就在商人束手无策的时候，他抬头看见茫茫的海面上有一点微弱的灯光漂浮着，想起来老者有在晚上挂灯的习惯。于是他指挥众人朝着灯光的方向行船，经过一番惊涛骇浪，那盏灯火显得越来越明亮，最后指引着船顺利靠岸。商人下船的第一件事就是跪在老者面前说，老人家，都是你的这盏灯火，要不然我们今晚无论如何是走不出这场风浪的，我终于明白您为什么总是要点着油灯了。长者微微笑道，行船的人在夜里很容易迷失方向，当他们看到这里的灯光，就会重新找到方向。黑夜里的灯火，那是人们的希望。

我们不能总是渴望自己在黑夜里有一盏灯火相伴，我们也要像老者一样成为一盏灯火指引别人的方向。当你身处困难之境的时候，一定有人比你更艰难。你不能只想着自己，也要想着别人。如果可以帮到别人，那么就要毫不吝惜去帮助。当你可以化身为别人生命里的灯火，那么你也就不会身处黑暗之中，也可以走出一条光明之路。

一个人不要害怕身处黑夜，再黑的夜都会过去，只要你安静地等待，认真往前走，总会迎来光明。不要因为处于黑夜之中就变得惶恐不安，更不要在黑夜里一路狂奔。让自己的心慢慢静下来，不要急于求成，将心中的灯点亮，照亮前行的路，然后再往前走也不迟。人生的黑夜没有什么可怕的，可怕的是你没有点起灯火的希望和勇气，让自己的人生慢慢沉沦下去，最后将仅有的火种都浇湿，那么你将要面对的不仅仅是黑夜，还有风雨交加的夜空。

信念是人生征途中的一颗明珠，既能在阳光下熠熠发亮，也能在黑夜里闪闪发光。它也是我们在黑夜里最需要的东西，是黑夜里可以照亮我们内心世界和远方的灯火。

很多人应该以前听过张海迪的故事。她5 岁时因患脊髓病，胸以下全部瘫痪。她因此没有进过学校，童年时就开始以顽强的毅力自学知识，她先后自学了小学、中学、大学的专业课程。张海迪 15 岁时随父母下放聊城莘县的一个贫穷的小山村，但她没有惧怕艰苦的生活，而是以乐观向上的精神奉献着自己的青春。在那里给村里小学的孩子们教书，并且克服种种困难学习医学知识，热心地为乡亲们针灸治病，在莘县期间，她无偿地为人们治病一万多人次，受到人们的热情赞誉。

后来，海迪走上了文学创作的道路，她以顽强的毅力克服疾病和困难，精益求精的进行创作，执着的为文学而战，在残酷的命运挑战面前，张海迪没有沮丧和沉沦，她以顽强的毅力和恒心与疾病做斗争，经受住了严峻的考验，对人生充满了信心。她虽然没有机会走进校门，却发愤学习，学完了小学、中学全部的课程，自学了大学英语、日语、德语，并攻读了大学和硕士研究生的课程。为了对社会作出更大的贡献，她先后自学了十几种医学专著，同时向有经验的医生请教，学会了针灸等医术，为群众无偿治疗达 1 万多人次。

张海迪不仅在自己心中点起了一盏灯火，更在全国千万人的心中变成了一盏灯火。她曾经身处在人生的最低谷，在很多人看来，这样的人能活着就算是不错了，没有人会想到她会有这么大的成就。可是张海迪却做到了，她曾经说过这样的话，即使跌倒 100 次，也要 101 次站起来。只要心跳没有停止，就不能停止学习。在人生处于黑夜的时候，她将一本本书化成明亮的灯火，照亮自己苍白的生命和崎岖不平的路。后来她又将语言化成一盏灯火，伴随自己走向更远的未来，让自己的人生变得如同白昼一般光明温暖。正是凭着一股坚强不息的信念，张海迪一路走来，处处都是灯火明亮，无处不是属于她的灯光。

有人曾经去问一个得道高僧，我怎么才能随时随地在黑夜里看见灯火？高僧颔首笑道，你抬头看前面，到处都是灯火啊！那个人不明所以，他摇头说道，没有啊！伸手不见五指。高僧笑道，你看路边的萤火不是一盏灯火吗？那一声蝉鸣不是灯火吗？黑夜里处处都是灯火，只是你看不见而已。

正如高僧所说，人生的黑夜里处处都是灯火，不仅是指我们现实意义中的灯火。在灯火辉煌的城市里，这样的灯火遍地都是。可是到了荒郊野外，你想找到一盏灯火很多时候并不是一件容易的事情。你在黑夜里闻到一阵花朵的清香，听到一声来自枝头的鸟鸣，这些都是一盏美丽的灯火，让你在黑夜之中不再孤独和迷茫。灯火到处都是，只是你要用心去看而已。这个世界上从来不缺少美，只是缺少发现美的眼睛，同样也不缺少黑夜里的灯火，只是缺少一颗如灯火般明亮的心而已。

黑夜里的灯火，写满了世间的温暖和生活的诗意。因此我们都渴望有一盏灯火可以照亮我们的内心和世界，驱逐生命里的孤独和寒冷。我们一生中最爱的灯火莫过于回家路上的灯，它们照亮了每个游子的心，让每个人的心都变得柔软而温暖。每个人都有一盏属于自己的灯，照亮了别人，也温暖了自己。

当你的心成为一盏灯的时候，那么黑夜将从你的世界里消失，你可以看见别人看不到的地方，也可以照亮别人前行的路，让你的生命变得温暖和充实。

黑夜中的灯火，如你如我在风中点亮。

心如春风，吹十里花开

我们都听说过这样的一句话，良言一句三冬暖，恶语一言六月寒。生活在这个包罗万象的世界里，对于一个人来说最重要的便是相处之道。一个人要学会和别人很好的相处，这样才能得到别人的喜欢和认可，让自己的人生才能一帆风顺。与人的相处之道，第一点就是要学会怎样说话。看起来是个简单的事情，说话是正常天生的本能。可是要将话说的让别人听起来舒服并不是一件容易的事情，需要我们在日常生活中很好的学习才可以，要做到用心和别人去交流。

曾经有一个学生没有朋友，他觉得心里很难过。可是不管怎么做，就是没有人愿意成为他的朋友。于是这个学生自暴自弃，也不再理会别人。有一天老师问他，你为什么不和大家一起玩呢？学生十分委屈的说，他们没有人愿意和我玩，我也没有朋友。老师拍着他的肩膀说，你没有尝试过怎么知道自己没有朋友呢？学生说自己已经尝试过很多

次了，可就是没有人愿意和他成为朋友。他的老师问他平日里怎么和别人交往。学生便将自己的交往方式说了一遍。这个学生在班里学习成绩出类拔萃，没有人可以比得上，因此心高气傲，总带着一股傲气，和其他同学交往过程中也有种居高临下的感觉，因此没有人喜欢他。他的老师说，你以后每天都帮助学习比你差的同学复习功课。当他们有问题向你请教的时候，你一定要认真回答，而且不能看不起对方。学生欣然接受了老师的建议，开始用心帮助别人。以前每次有人请教问题他也是很热心的，可是讲解结束以后，总要说一句这么简单的题，你都不会。要是遇上有的问题难度大，讲了好几遍对方都没有听懂，他就会生气的说，你怎么这么笨，这道题这么简单，还让我费这么半天劲。经过一段时间的努力，向他请教问题的人越来越多了，他不再嘲笑任何同学，很快就和班里的很多同学成为了好朋友，自己也变得活泼开朗了许多。这时候老师又和这个学生谈了一次话说，你要让自己像太阳一样温暖，这样才会有更多的人渴望靠近你。有那么多人喜欢春风，不仅仅是因为它温和，更因为它吹开了百花，让这个世界变得更美好。

每个人难免都有自己的性格和情绪，要不然这个世界就太没有意思了。可是在我们保持自己的性格时，一定要注意别人的感受。你的骨子里可以高冷，但是你没有理由对着别人高冷，所有的交流都是双向的，你让对方感受了快乐和幸福，那么对方也会将这份快乐和幸福回馈给你。所以我们要让自己变得像花儿一样芬芳，让别人能从我们的身上闻到香味，感觉到神清气爽，这样就会有更多的人和我们成为朋友。有人说性格决定命运，你拥有什么样的性格，就会成就什么样的人生。

对我们一生中影响至深的除了性格之外，就是情绪了。一个人控制情绪的能力往往决定了这个人能有多大的成就。不善于控制情绪的人往往让自己在人前失态，将自己逼到绝境之中。香港歌坛上有一棵常青树，出道这么多年，很少有人对他有什么不好的言论。这在纷繁复杂的娱乐圈来说简直是不可能的事情。这棵常青树就是刘德华，他就是一个善于控制情绪的人。不管媒体怎么报道他，他每次都是笑脸相迎。从来不会因为某家媒体说他不好而给对方难堪，喜欢笑着接受采访。以至于后来很多狗仔队觉得抹黑刘德华那简直是绝对不能做的事情，所以刘德华这么多年的名声一直很好，一方面是出于他的洁身自好，另一方面就是他懂得控制自己的情绪，没有将自己和媒体的矛盾激化，无招胜有招。

想必大家都听过这样的一个关于情绪的故事。从前有个小男孩总是忍不住对别人发脾气，他的父亲给了他一盒钉子，告诉他以后要是想发脾气就去在房间外面的篱笆上钉钉子。小男孩听从了他父亲的建议，每次想要发脾气的时候就去钉一枚钉子。经过一段时间，小男孩发现自己已经可以控制自己的情绪，不再那么容易动怒了。于是他的父亲让小男孩去将篱笆上的钉子拔下来，等到钉子被拔下来以后。他的父亲又指着篱笆上那些钉子留下的小孔说，钉子你已经拔掉了，可是留在篱笆上的这些孔却是永远都不会抹去的。就像你因为自己的情绪伤害了别人，就算你后来道歉了，可是那些伤害就像这些孔一样会永远留在对方的心中。

好的情绪是一个良性的循环，让别人从我们这里得到快乐和享受。可是人不可能永远都处于好情绪之中，现实生活里总会因为各种各样的事情导致情绪变坏。我们没有办法阻止坏情绪带给我们的影响，但是我们要将坏情绪带来的影响降到最低，最起码不让别人受到我们自己坏情绪的影响。因此不管遇到什么事情，如果自己的情绪受到了极大的影响，要是没有别人在场，你可以将自己的情绪宣泄，这样才能更快好起来。要是有别人在身边，请你尽量控制自己的坏情绪，因为这样会伤害到别人。即便是事情过去以后，你向对方说明了事情的真相，也会在对方心中留下阴影。别让情绪的猛兽将你控制，然后去伤害别人。

心如春风，你就要让自己的心放开，绝对不能只顾着自己，忘记别人的苦痛。一个永远只能看到自己的人，他是不可能有菩萨心肠的，只会让自己的贪心害死自己。

从前有个老财主，爱财如命，是远近闻名的守财奴。有一年他生病求医，老财主告诉大夫自己身上总是感觉到冷，就好像掉进了冰窟窿里一样，即便是坐在火炉旁边也会冷得直打寒颤。大夫给他把脉说，你是什么时候感觉到冷的？老财主想了半天说，几天前我听说县城发生了暴动，一想到我的金银财宝可能会被那些盗匪抢走，就觉得后背发凉，然后就变得全身发冷。大夫笑着说，老爷的身体无妨，你只需要将家中的粮仓开仓赈济那些灾民，这个病不用吃药就会好的。老财主听说要开仓赈灾，这比要了他的老命还要难受，当然不回答了。他又想到了那些人可能会抢自己的粮仓，心里觉得更加凉了。没过几天就一命呜呼了。

生活之中总会碰上寒冬，这是你怎么样也逃避不了的现实。再遇上寒冬的时候，你有两种选择，一种就是变成寒冬的一部分，另一种就是努力变得像春天一样。前者不需要你做任何的努力，只要顺其自然就好。后者却需要你和严酷的寒冬作斗争，但你能够看到春暖花开的美丽。

因此，当你站在寒风呼啸、白雪纷飞的世界里，你要做的不是变成和冬天一样毫无生机的僵尸，要努力从寒冬里走出来，迎接另一个春天。这时候你的心里要像春风一样温暖，这样才能驱赶身上的寒冷。

我们的心不能因为遭遇过冬天就变得冷彻骨髓，春天就在前方等着我们走去。只有我们的心如春风，才能吹开这个世界上人与人之间的寒冰，让春天永远留在人间。每一份温暖都是我们努力的结果，也正是这个社会上所需要的温暖。

做人就要心如春风，即便是你身边没有温暖也可以自行温暖，同时给别人温暖。一个人心若是温暖的，那么就没有化不开的寒冰。在与别人交往的过程中也要像一缕春风吹过别人的心头，将对方心中的寒意驱逐，给别人温暖如春的感受。一朵鲜花盛开那是早春，万紫千红的时候才是真正的春天来临。让我们的心像春风一样温暖人间，把这个寒冰层层包裹的世界吹开，让所有人看到最美丽的风景。

心如春风，吹十里花开，香了别人，也香了自己。

放弃比拥有更难得

佛经有云，舍得舍得，有舍才有得。可是我们现实生活中总是更多地强调怎么得，而很少想过舍弃。人性本来就是如此，没有得到千方百计想要得到，得到手的却再也不愿意轻易放手。可是人生就是一个取舍的过程，你只想要得到，却不想舍弃，只能让自己变得更加痛苦，也会让身边人的离你远去。

小时候听老师说过这样的一个故事。森林里举行一年一度的欢乐节，所有的动物都可以从森林之神那里拿到一样自己喜欢的东西。猴子和松鼠两个人是好朋友，他们一起去选礼物。森林之神准备了好多的礼物，看得他们眼花缭乱，于是两个人开始选礼物。松鼠想要得到一只闹钟和游戏机，猴子就想拥有一个秋天。猴子选好了礼物以后，松鼠很快也选好了闹钟和游戏机。两个人回到家以后，猴子看到松鼠闷闷不乐，就问他有礼物为什么还不开心。松鼠这才说道，其实最后我想要门口的那一副跳绳，可是手里已经拿着闹钟和游戏机了，现在想起来好后悔。猴子皱着眉说，那你为什么不放下手里的闹钟或者游戏机，这样不就有手可以拿跳绳了吗？松鼠这才恍然大悟。

生活中像松鼠的人数不胜数。不过很多人不是像松鼠那样是因为忘了放下，才不能拿起。更多的人是因为心中的贪婪而不愿意放下手中的东西，最后导致没有拿到自己想要的东西。人的一生很短暂，因此我们能够做的事情也是十分有限的，所以就要分得清轻重。在没有遇到你最喜欢的东西之前，你的手里可以拿着别的。可是当你发现了最爱的东西，却不愿意放下手里的东西，也只能错过了。放弃一些对自己无关紧要的东西，这样才能拥有更重要的。不懂得放弃，就没有资格谈拥有。

我们和别人进行交往的时候，往往就是一个放弃与拥有的过程。你花一下午的时间和朋友去吃午饭，因此失去了学习的时间。可是由于你的陪伴，朋友很开心，你们之间的关系又获得了新的发展，你拥有了一份美丽的友谊。这就是放弃和拥有的关系，要是你愿意放弃学习的时间，那么就会失去拥有友谊的机会。当你愿意失去自己的私人空间去接纳别人的时候，同时你也将被别人所接纳。生活中不懂得放弃的人，一般是不会有人愿意成为他的朋友。这种人通常心胸狭窄，不愿付出，只想得到好处。鱼和熊掌不可兼得，舍鱼而得熊掌，得鱼而舍熊掌，这就是人际交往中放弃和拥有的关系。

有时候看似已经拥有，实则已经失去了，而且失去的是比拥有更珍贵的东西。反之也是同样的道理。因此在放弃和拥有之间，我们不能鼠目寸光，只看到眼前的利益，却看不到后面隐藏的危机。在该放弃的时候绝对不能犹豫不决，这样只会让自己更加危险，最后连拥有的东西一并全部失去。

春秋末年吴越争霸中，范蠡和文种身为越王勾践的左膀右臂，为勾践一雪前耻，最后将吴国一举歼灭立下了汗马功劳。勾践灭了吴国以后，就要对范蠡和文种进行封赏。范蠡深知勾践是个可以共患难绝不能同富贵之人，因此谢绝赏赐，决定归隐田园。临走的时候，他写了一封信给文种，飞鸟尽，良弓藏，狡兔死，走狗烹。文种看完信明白范蠡说的是什么，可是想到自己辛苦半生，好不容易博得功名，岂能这样一走了之。于是文种留了下来，没过多久就被勾践给赐死了。范蠡带着西施已经泛舟西湖去了，后来成为了众所周知的陶朱公。

文种明明已经看穿了勾践的本性，可是想到自己可以拥有荣华富贵，便没有听从范蠡的劝告，最后落得身首异处。功名富贵自然重要，可是哪里比得上身家性命重要。文种因为放不下物质享受，葬送了自己的性命。范蠡却毅然决然放弃了看似光鲜亮丽的高官厚禄，过上了自由自在的生活。他看穿了勾践的为人，同时又不为名利所动，这才能够活下来。文种看似拥有了一切，但是最后什么也没有剩下，反倒是范蠡才是最后拥有了一切的人。

人生的取舍之道，一定要高瞻远瞩，想到长久的发展。不要因为一时的贪欲蒙蔽了双眼，最后彻底失去了拥有的机会。只要你能放弃，迟早都会有得到的时候。

放弃有时候不是不能拥有，而是为了拥有更多的东西。一个舍不得放弃的人，永远都不会真正的拥有。人生的幸福常常来源于我们付出了多少，不是我们得到了多少。

在现实生活中，我们遇到放弃比拥有更让人纠结和痛苦的事情莫过于爱情了。我们常常在爱情里爱而不得，失去了也不愿意轻易放手，总想守着一份完美无缺的爱情。可世事无常，人事已变。我们要懂得放弃不是说我们不爱，而是因为爱我们更要放弃。

从前有个女子为情所困，她爱上了一个有妇之夫。两个人有过一段露水情缘之后，那个男人回到了自己妻子身边，将女子抛弃了。于是女子终日心中郁结，每日哭哭啼啼，最终卧床不起，眼看就要一命归西。家里请了很多的大夫前来诊治，都没有任何作用。最后听说山上的道观里有个老道士，擅长医理，可以起死回生。于是就将老道士请到了家里为女子看病，家里人将女子的所有情况都告知了他。老道士让所有人都退了出去，他没有给女子把脉，而是开口说道，你还想不想看见那个男人？女子听闻此言紧闭的双眼睁开了，急忙问道，我还能见到他吗？他人在哪里？老道士面带微笑道，当然能见到了，只要你能好好活着就可以。女子悲泣道，那我怎么才能好起来？老道士笑道，放下你心中的执念，病自然就好了。女子继续道，我放不下他，我真的很爱他。老道士不以为意的说道，你爱他，那你希望他过得快乐吗？你愿意让他因为你遭受煎熬吗？女子摇头道，我只要他过得开开心心就好。老道士又道，他没有和你在一起，而是选择了回到自己的妻子身边，就是因为他觉得回到妻子身边更幸福。所以他现在很幸福，你也应该放下了。女子点头道，多谢大师指点迷津，我知道自己该怎么做了。老道士颔首笑道，爱本来就是两个人的事情，只要曾经拥有过，就没有必要如此执着。如果放弃可以成全两个人，为什么还要纠缠？放弃，这样才能重新开始。

爱情是我们生活中必须经历和拥有的东西，没有爱情的生命就像漆黑的夜空，看不到一丝星光。爱情就像是我们人生道路上的一盏灯，将我们心底的黑暗和寒冷驱逐。可是很多人就像上面的女子那样，即便是后来爱情变了，却依然不肯放手，想要死死抓住对方。爱本来就是相互的行为，当一方不再爱的时候，想要离开，感觉到疼痛是人之常情。爱情不该是一座牢笼，将两个人困在一起。即便不爱了，也要在一起。爱情本来就是自由的，像蝴蝶的翅膀，会在我们的生命里呈现出五彩斑斓的美丽。

在爱情的世界里，能够拥有一个知心爱人自然是再美好不过的事情。可是当爱情走远了，我们就必须学会放手，将一个行尸走肉留在身边，只会让你更加不堪重负。当你不能拥有的时候，放弃才是最明智的选择。这样可以给自己一个解脱、一个重新开始的机会。很多人无法开始新的感情，就是放不下曾经拥有的爱，总是想着旧爱有一天会回来。可是爱情不是小孩子吵架，过了明天就和好如初。与其让自己纠结的要死，还不如放手来得痛快。找到另一段新的感情，才会让你有崭新的生活。

不管是在爱情还是工作中，我们都要拿得起也要放得下。放弃不是因为我们无能或者不爱，而是为了可以重新拿起和开始新的生活。放弃是比拥有更可贵的一种精神。

站在山顶看风景

序言——

人生就像一道美丽的风景线，我们一直都行走在风景里。

可是很多人都不懂得欣赏沿途的风景，一心只想看到终点的风景，成为那个站在山顶看风景的人。走到最后，才明白最美的风景在途中，而不是在山顶上。可是走过的路已经回不去了，即便是回去也可能已经叶落花谢。

我们心心念念想要成为站在山顶看风景的那个人，当美梦成真的时候，却有很多人倒在了山顶，连看一眼风景的机会都没有。最难得的不是站在山顶看风景，而是能够永远站在那里看风景，不会坠入万丈悬崖之中，一失足成千古恨。

别因为山顶的风景错过了山中的美景，也不要只是匆匆站在山顶，成了那个匆匆看风景的人。你在山顶上看风景，山下的人在看你，你就成为了山顶最美的风景。

人生处处是风景，只要你有一双发现美的眼睛。

别让自己成为垃圾人

每个人都是有情绪的，情绪也是不断变化的。当你遇到开心的事情，情绪自然是好的，遇到难过的事情，相对应情绪也会变得低落。有人可以将自己的情绪控制在一定范围，有人却让情绪控制了自己。一个人在生活中难免会遇到一些磕磕碰碰的事，因此会产生消极和负面的情绪，这些情绪就是我们所谓的垃圾情绪。人的情绪和感情一样是需要有宣泄出口的，可是我们不能很好控制这些垃圾情绪，最终就会让自己变成一个垃圾人，让别人远远的就会绕开我们。没有人喜欢和垃圾人在一起生活。最让我们想不到的是垃圾情绪不但会将我们整个人变得很垃圾，更可能给我们的工作和生活带来更大的麻烦，甚至是致命的伤害。

曾经有个人早上起来去赶集，一不小心踩到坑里摔倒了。这个人从地上爬起来，冲着小坑就骂了一阵，继续赶路。可是他的心里想着出门就被绊倒了，这说明自己今天很不顺利，做什么事情看来都要小心。于是他走路走得十分小心，害怕再次跌倒。可是由于这个走得慢，正好天又下起了大雨，他被淋成了落汤鸡。于是他又抱怨这老天爷是成心和自己过不去，心里越想越是气愤。可是又无可奈何，肚子里压着一肚子的火到了集市上。他想起老婆让自己买一只鸡回去炖汤，于是这个人就到了卖鸡的地方。由于天气不好，卖鸡的人很少。这个人看上一只又肥又大的鸡，另一个人也看上了，两个人便开始为谁买这只鸡争吵。这个人心里正憋着一肚的火，现在逮着机会发泄出来，对另外一个人破口大骂。后来两个人又开始相互撕扯，这个人身体比另一个人好许多，很快就将另一个人打倒在地，拳脚相加。地上的人开始求饶，可是这个人没有理会，最后，另一个从怀里掏出一把刀子，趁这个人不注意的时候捅进了他的肚子里，要了这个人的性命。

这就是垃圾情绪引起的一场血案。我们在日常生活里，由于垃圾情绪引起的事情可不少，经常会和别人争吵，抱怨，甚至打架斗殴。要是每个人都能将自己的垃圾情绪收敛一些，平日里一定会很少见到面红耳赤的场景，这个世界上的惨案也会少去很多。

每个人的生活中总是充斥着各种各样的人，就像众多星球围绕着太阳旋转一样。有一部分人积极向上带给我们正能量，他们面对生活充满热情，迎接挑战也是信心十足。不管遇到什么样的情况，他们都不会让别人因为自己受到太多的影响，对什么事情也不去抱怨，总是想办法改变现状，努力达成自己的愿望。这一部分人很快就可以在社会中立足，大家都喜欢和他们成为朋友。大部分人是普通人，他们会将生活中的不愉快告诉你，遇到问题也不是自己先想着解决的办法，总是希望可以从你这里得到正确的答案。他们对生活的满意度也没有前者高，老觉得有很多地方不如意，好在他们大多数人知道满足，相处起来也不会有很多的麻烦。他们偶尔也会有高兴的事情与你分享，给你带来片刻的快乐。可是生活中有这样一类人，就像苍蝇一样在你的生活里飞来飞去，让你的耳根子不得一分钟的清静，恨不得找个地洞钻进去。他们的身上你几乎看不到任何闪光的地方，总是将各种流言蜚语和牢骚带给你，好像他们的人生永远都是处于不幸，所有人都和他们过不去。谁都没有他们牛，每天却只知道乱嚼舌根子，不知道多干点正经事。

有个刚毕业到公司上班的姑娘，她是个知书达理的女孩，很讨人喜欢。进了公司之后，老板将她交给了一个四十多岁的女人带。这个女人进公司已经20年了，可是一直还是个小组长。姑娘进公司的第一天，早上什么事情没有做，就听女人抱怨自己多么怀才不遇，为公司兢兢业业工作了20年，却没有一个人看到自己的功劳，比自己来得晚的都升职了，就是自己原地不动。她开始骂自己的第一个主管，一直骂到第三个主管。其实她还没有骂完，吃饭时间到了。下午上班的时候，她又开始抱怨工作多么没有技术含量，自己早就想辞职不干了，要不是看在老板的面子上，她在哪里找不到一个比这份工作更好的职业。抱怨完了工作，她又开始抱怨自己的丈夫无能，婆婆凶悍，家庭生活一点都不顺利，自己就没有过一天顺心的生活。女人说着说着就哭了起来，姑娘觉得她很值得同情，连忙帮她擦眼泪，鼓励她一切都会好起来。第二天到公司的时候，女人又开始昨天的抱怨模式，越说越伤心。姑娘心软，又开始安慰女人了。后来的一周里，女人都是一边做工作一边发牢骚。她们主要是负责公司账务的核对，可是就在女人的抱怨中，她的一笔账对错了。要不是姑娘指出来，又要被上级批评了。自从姑娘指出这个错误以后，女人说话就变得阴阳怪气了。姑娘觉得这是自己不对，不应该那么指出女人的错误，毕竟她也算的上公司元老级别的人物。谁也不知道这个女人从哪里来的那么多话，公司里的大小事情好像没有她不知道的，对谁都会评头论足。姑娘开始还有些不习惯，慢慢的也就习惯了。又过了一段时间，她每天回家都会和妈妈说起公司里面的事情，总是说得津津有味。刚开始还能公正客观的说事情，后来就变得喜欢八卦和评论别人的事情。以前她说话都是很小声，慢慢在那个女人的熏陶下也变成了大嗓门。女人说话的时候就像要和别人吵架一样，这个气势姑娘也逐渐有了。她的妈妈一直都没有注意到姑娘的变化，直到有天晚上姑娘告诉她，和自己一起进公司的姑娘都转正了，可是自己和另外一个姑娘还没有转正，这次转正名额只有一个人。下午下班的时候那个姑娘有事情先走，让自己不要告诉别人。她打算把这件事情告诉上级，这样自己就可以确保无忧了。她妈妈将姑娘训斥了一顿，告诉她做人怎么能这么言而无信，落井下石。第二天她亲自去公司了解情况，这才打听到女儿跟着什么样的一个女人工作。干了20年的会计工作，还会经常出错，总是喜欢说别人的坏话，背地里还喜欢诬陷别人，要不是她是老板的亲戚，早就被开除了。她妈妈回到家里，毫不犹豫地让姑娘辞职了。跟着这样的一个女人，迟早都会将孩子害了的。

看完这个故事，所有人都会诧异一个好姑娘最后怎么会变成了这样子，竟然想着通过出卖同事获得自己的利益，简直是太可怕了。姑娘其实是个好姑娘，坏就坏在遇到了一个垃圾人，她将自己的负面情绪不断地像倒垃圾一样倒在姑娘的身上，慢慢的姑娘也变成了一个垃圾人。垃圾人的可怕之处就在于，他们一边把自己心中的垃圾倾倒出来，一边还要别人和他们变得一样。人都是感情动物，或多或少都会受到身边人的影响。一般什么样的家庭就会教育出什么样的孩子，家里丈夫尊重妻子，这样的家庭教育出来的孩子基本上都会很有礼貌。要是家里丈夫对妻子拳脚相加，他们的孩子通常会变得敏感胆小或者暴躁愤怒。近朱者赤。近墨者黑，一个长期和垃圾人在一起的人，迟早都会变成垃圾人。

刚从花园里走出来的时候，对臭味一定很敏感，因为这个时候鼻子里全是花的清香。可是一直呆在厕所的周围呢，刚开始一定会闻到臭味，但是时间长了，便会不闻其臭。因为已经让这个臭味熏得麻木，没有什么感觉了。垃圾人就像厕所的臭味一样，你闻得久了，就会丧失最起码的嗅觉，让自己也会带上一股臭味。

如果不想让自己变成一个人人讨厌的垃圾人，就请放下自己的垃圾情绪，让自己充满正能量，给别人一种奋发向上的感觉，同时远离你身边的那些垃圾人，不要让他们影响到你的情绪，最后影响到你的人格。一个健康向上的人变成了垃圾人不过是朝夕之间的事情，但是要将身上的垃圾丢掉却是任重道远的事情。

永远别让垃圾情绪控制你，也别让垃圾人引导你，这样你的生活每一天都是如花般芬芳，如阳光般灿烂。

记得给别人留一道门

路窄处，留一步让别人先行；得意时，留三分给别人分享。与人方便，也就是与己方便。给人余地，也就是给自己余地。

我们都生活在这个竞争力十足的社会，要想和别人不发生矛盾和冲突那是绝不可能的。人的一生就是在你争我夺之中度过，不是与自然斗，就是和人斗。正是通过不断的战斗，人类社会才会有今日的辉煌。可是社会的发展绝对不是只靠争斗推进的，更多的时候要依靠人们的合作，所谓众人拾柴火焰高。所以在和别人竞争的时候，一定不要想着将对方逼入死境，只想着自己的胜利。要多想着如何能够双赢，这样自己就会多一个朋友，今后发展一定会更加顺畅。

曾经有一个百战百胜的将军，和其他将军比起来，他在指挥方面没有什么过于杰出的地方，论功夫也谈不上最厉害。可每次他领兵作战，最后总能大获全胜。皇上让大将军将自己的经验讲给其他的将军。

这位将军便安排了一场比剑，两个人都是军营里剑法最好的。比试的规则是点到为止，只要一方的木剑被打落在地，就算对方赢了。两个剑士第一次在皇上面前表演，都想赢得这场比赛，得到皇上的赏识。所以两个人都使出浑身解数，想要将对方手中的剑打落，比试过程相当激烈。最后一个剑士险胜一筹将另一个剑士的剑打落，可是这个剑士想要让另一个剑士向自己求饶，方显出自己的剑术出众。他手中的木剑向另一个剑士的咽喉部位刺去，这个时候另一个剑士侧身翻滚，从地上捡起来自己的剑趁虚而入，一剑又将剑士的长剑打落，他向着赢了的剑士鞠了一躬，然后走下了比试场地。最后皇帝判反败为胜的剑士赢，获得第一剑士的称号。这时候将军告诉皇上这就是自己的取胜之道，众位武将看得也是心领神会。

其实第一个剑士已经赢了这场比赛，可是他还想让对方更难堪，最后却导致自己输了比赛。要是他将那位剑士的剑打掉后就此住手，后面的赏赐就是他的了。正是他将另一个剑士逼到了绝境上，对方才发出了最后的反击。有句话说的好，兔子逼急了，也会咬人。这位将军每次打仗对敌人从来都不是穷追猛打，他往往喜欢给敌军一线生机，故意给对方留出一条突围的路。人一旦看见了生机，就没有人愿意死，都想着逃命，自然比那些亡命之徒困兽犹斗好对付多了。这就是将军百战百胜的秘诀，不要将自己的对手逼到绝境上，这样就算你取得了最后的胜利，代价也一定是十分惨重的。不如给对方留一扇逃走的门，然后等到他跑出去累了，再动手一定比你强攻进来容易得多。同时将军从来不杀俘虏，因此敌人遇到他的时候一般也不会拼命，知道落在他的手里反正不会死。

给别人留一条路，并不是真正的生路，也绝不能是死路。利用人求生的渴望，瓦解对手的意志，最后达到不战而屈人之兵的效果。和别人发生竞争的时候，如果你用这种方式向对方示弱，就会让对方产生麻痹大意，然后你在趁机取胜。当你懂得以不争为争的时候，那么很多事情你就都可以做好了。

有个镇上有两个米店，其中一家生意特别好，另一家生意却十分冷淡。店主人整天愁眉不展，他卖的米和另一家店里的东西完全一样，价格也是基本一样，质量甚至比那家店还要好，没有道理生意差别这么大。最后这个店主人决定让伙计去另一家买东西，看看其中的问题到底出在哪里。他让一个伙计去买米。这个伙计平时在店里负责称东西，回来就和店主人说好像这个米分量不对，两个人拿到称上一过，米比原来重了一点点。他这才明白了对方的的生意为什么这么好了，原来是买东西的时候给买家多一点，这样大家自然喜欢去了。自己平日里从不缺斤少两，但是也没有多称过东西给买家。于是这家店主组织了一场促销活动，他的生意很快也好了起来。

人都有贪小便宜的毛病，多总比少好，哪怕只是多了一点点，也会让人心里觉得划算，好像占了很大的便宜似的开心，这也是现在商场里经常做活动的缘故。自己赚了钱也要让顾客感觉到实惠，让他们这次买了下次还要再来。不懂得让利的商场，生意绝对是不可能好的。生活中也是这样，只有你让别人感受到了你的诚意，能够从你这里得到更多的东西，那样他们才会更愿意和你合作。因此做什么事情不要只想着自己的利益，你得到自己利益的同时，要让别人同样享受到利益，这样你才有朋友，后面的事情也会越做越顺利。

观复博物馆是著名收藏家马未都先生建立的，一个收藏家能够独立建立一个博物馆，绝对不是一件容易的事情。于是有人就向马未都请教，问他是怎么样收藏到这么多好东西的。马未都笑着说，没有别的什么窍门，就是愿意给别人多加一点钱。原来从搞收藏开始，马未都就懂得让利的重要性。他很会砍价，但总是不会让别人无钱可赚。在与藏家商议合理的价格后，他总是再主动加些，使得藏家尽量多赚一些，慢慢地，他取得了藏家的信任，后来大家有什么好东西都会找马未都，因为他不但不会骗人，还会多给一些钱，因此他总是淘到别人淘不到的宝贝。给别人留条路，造就了好的人缘，成就了后来的大收藏家。

马未都就是一个懂得给别人留一扇门的人，因为这扇门不仅别人会走，自己也会走到。他是个收藏古董的，钱就是连接自己和古董卖家的一扇门，要是太过精于算计，让古董卖家从他这里得到的和别的买家一样，那么他也就失去了竞争的优势。正是马未都愿意出比别人高出的那一部分，让他具备了别人所不具有的竞争力，大家都知道找他一不会骗人，二还会多给你一点钱。所以马未都收藏古董这扇门越走越宽，越开越大，最后成为他一生的事业。

常言道，职场如战场。人一旦进入职场就像是进入了一间大房子里，每个人都有自己的一间小房子，彼此之间的互动与沟通就是一扇扇的门。刚进去的时候，我们的房间很小，只有巴掌大小，门也不是很大。可是我们可以通过自己的努力不断让房间变大，最先要做的就是打开自己的门，留一道门给别人和自己行走。职场的竞争往往是残酷的，优胜劣汰，不进则退。那么我们在职场的竞争中就要穷追猛打，不放过任何的机会吗？要是对方让我们抓住了把柄，是不是就要落井下石呢？

有个职场达人讲过自己在职场的上一个故事。他说有一次公司里拿下来一个很重要的项目，自己和同事通宵达旦，夜以继日地加班，最后总算是将任务圆满完成了。可是就在开会的当天，他们发现另一个小组的创意和自己小组的几乎是一模一样，只不过是其中改了几条而已。那个小组先开始讲自己小组的成果，获得了公司高层的一致认可。他没有揭对方的底，只是说自己的计划还需要再完善一些，第二天一定会让领导看到更满意的方案。很多人的第一反应一定是和对方吵起来，说对方剽窃自己的创意，可是他没有这么做。开完会以后，他私下里找到了对方的负责人，将情况向对方说了一遍，晓之以理动之以情。对方早就因为他没有撕破脸皮感到有些不好意思了，他这样一说对方立即承认了自己的错误。于是两个人一起连夜合计将之前的方案进行了优化，方案获得最大的成功。事情过后，经理找到了他，说所有事情自己都知道，就是想看看他怎么样来处理这件事情。他笑着说，大家都是同事，何必为了一个方案闹翻，最终受损失的只是公司而已。他后来被经理任命为公司的副总经理，也获得了对方的尊重，以后的合作变得更加愉快。

这就是一个职场新人应该做的事情。当别人犯了错误，甚至伤害到了你，请不要急着绝地反击，先给对方和自己一个和解的机会，不要将彼此交流的门关上。不要轻易将对方逼到绝境，这样很多时候会适得其反。不管任何时候，记得给别人留一扇门，也是留给自己的一扇门。

给别人留一扇门，就像给枯萎的植物一个迎接春风的机会，这样你就会看到春光明媚、鸟语花香的春天了。

用心去看事情

上帝给了我们一双明亮的眼睛让我们看这个世界，可是我们这双眼睛看到的很多事情现象是真的吗？很多人开始的时候相信眼睛看到就是真的，后来慢慢就会发现眼睛看到的很多东西都不是原来的模样。我们最信任的眼睛往往最容易欺骗我们，那是因为我们忘记了眼睛只是心灵的窗户，我们要看到这个世界的真相需要用的是心，它才是窗户后面那双洞察世情的眼睛，教会我们辨别真假是非，善恶美丑。

有人曾经画一个正方形，他画的十分标准，用尺子量过以后也是分毫不差。可是他从眼睛里看到总是觉得稍微有些偏差，所以会进行修改，改过之后觉得好像正方形了，但实际上错了。这种现象称之为“错视”，与人的生理和几何学有关。科学家们认为，观看是有选择的，眼睛对样本作出什么反应取决于许多生理与心理因素。人类很早就已知道，直接的感知并不能反映真实的世界。视觉印象是人类最富创造性的行为，当描述眼睛看到的东西时，我们就像艺术家在搞创作。其实，眼睛只是一个传递经过整合过的信息的媒介而已。因为自身的缺陷和后天的影响，它看到的并不是真实的世界。

那么我们如何才能看到真实的世界呢？真实的世界又是什么样子的呢？这就需要把眼睛当做一种工具，而把自己的心当成指挥，让心指挥你的眼睛，而不是让眼睛蒙蔽你的心。

众所周知变色龙是这个世界上最神奇的动物，它身上的颜色可以发生各种变化。每一次你看到的颜色都可能不同，这一次可能是绿色，下一次就是蓝色了。可是你永远不能说变色龙是绿色或者蓝色，因为你的眼睛看到的只是他的一种颜色。同时有很多人会以为变色龙变换身上的颜色是为了躲避敌人，这也是眼睛给我们的第一感觉和判断，其实变色龙是通过变色调节体温和同类交流的。这就是变色龙的真相。眼睛会欺骗我们两次。只有你用心去观察，才会发现原来变色龙的颜色有很多种，经过研究，才能知道它变色的真正原因。

生活中我们会用眼睛看事情，但是不能因为眼睛看到了什么，就断然评价这件事情如何。这个世界多的是眼睛看不到的东西，而且很多真相往往藏在眼睛的背后，凭着眼睛的判断往往是错误的。就好像走在路上，你看到一个人在乞讨。也许你认为那个人是真的迫于生计才出来乞讨的，其实他是职业乞丐，专门出来利用别人的善心赚钱。虽然是职业乞丐，但他总不会将职业乞丐四个字写在脸上，仅从表面上去看，他们和真的乞丐没有多少区别。可是你能从他们的谈吐、动作以及眼神中判断出一些有效信息，从而知道这个人到底是不是真的乞丐。别让自己的好心被别人利用了，还不知道是怎么回事。出门不仅要带着眼睛，千万也不要忘了一个善于分辨真假的心。

有个禅师手下有很多的弟子。某天，禅师将所有的弟子叫到了禅堂里。众弟子到了禅堂以后，就看见禅堂里站着一个明眸皓齿的少女，禅师端坐在佛像下面诵经。众弟子不知道师父叫他们来这里做什么。这时候禅师发话了，他对众弟子说，你们看禅堂上这位施主是何方人士？一个弟子抢先说道，一看这位女施主就是南方来的，她长得就像是南方少女。其余众弟子也点头称是。禅师接着问道，那你们觉得这位施主现在年纪多大了？另一个弟子端详了一番说道，回禀师父，这位女施主如此年轻，也就二八芳龄吧！众人也都觉得应该是这样的。禅师笑道，谁说过这位施主就是女的呢？众弟子齐声说道，你看她这长相就是少女的样子啊！站在禅堂中央的少女轻轻将脸上的面具拿了下来，竟然露出了一张男人的脸。众弟子一阵惊叹怎么会这样。禅师看着众人笑道，脸是可以化妆的，衣服也是可以换的，不能变的只有本人，你们懂吗？众弟子颔首应道，弟子明白了。禅师继续道，眼睛只能让你看到现象，心才能让你看到本质。修佛正是如此，莫让心之外的东西迷惑了你，用心才能修成正果。

禅师用这种方式告诉自己的弟子，用眼睛看到的往往不是真的，也告诉我们当眼睛看到事情的时候，请不要急着做出判定，再用心去看看，可能就不是原来的样子了。

人在现实生活中，用心去看事情主要是为了看到事情的本质，以免因为眼睛的误差导致与人之间的误会，最后造成一系列的伤害和麻烦。生活里因为眼睛而造成的悲剧每天都在发生，只有让心静下来，用心去看看，才能让这样的悲剧减少。

有两个人是很好的朋友。其中一个人失业了，情绪失落。他觉得自己妻子对自己近期没有以前那么关心了，他怀疑妻子有外遇，于是悄悄跟踪妻子。他的妻子一直没有任何异常的行为，直到某天他在一家餐厅里见到了自己的好朋友，和自己妻子两个人一起又说又笑在吃饭。这个人便确定那个人就是自己的好友。正好晚上朋友约他去外面谈事情，他觉得是好朋友要和自己坦白这件事情，因此去赴会的时候他随身带了一把刀子，没等朋友开口就将朋友捅伤了。事情发生以后，他拿着刀子回到家里跟妻子说，你要是和他再来往，我非杀了你们不可。这个时候他的妻子才意识到事情的重要性，连忙向他解释事情的原委。原来他失业了，妻子一直忙着帮他找工作，但是一直没有眉目，这才托付他的好朋友。于是就有了两个人私下里吃饭的事情。这个人听完以后追悔莫及，可是他的朋友因为伤重不治离开了这个世界，他也因此付出了生命的代价。

我们在情绪失落的时候，对自己看到的事情往往更加深信不疑，不会再用心去想，让愤怒冲昏了头脑，很多惨案就是这样造成的。要是那个男人能够用心想一下这件事情，就不会发生后面的事了。可是他看到自己的妻子和好朋友一起吃饭，就觉得那个第三者就是自己的好友，这才导致了惨剧的发生。所以，当我们进入人生低谷的时候，更要擦亮我们的心，不要凭着眼睛对事情进行定义。

有人曾经做过这样的测试，他找了一群人前来，然后将他们轮流关进了一间灯光昏暗的屋里。每个人进入屋子里待半天的时间，然后出来就说自己在房间里面看到了什么。每个人都说的不一样，有人说自己在里面看到了一个像鬼一样的影子，有人说看到了一个白衣飘飘的人从窗户飘过，有人说看见屋子里有老鼠在地上跑。其实整间屋子里面什么都没有，所有人处的环境也是一样的。但是他们看到了不一样的东西。都说相由心生，由于每个人的经历和心理的不同，看到的自然也是不一样的。众人很惊讶原来房间里什么都没有，可是自己当时怎么会看到那些东西呢？

我们在工作中，难免会遇到会发生一些乱七八糟的事情。一旦事情发生以后，千万不要想着如何证明自己看到的是对的，这样通常会让我们先入为主，将自己误导到更错误的地方。事情发生以后，先让自己冷静下来，然后仔细去分析一下，看看事情是不是正如自己看到的那样。一个和你曾经有矛盾的同事，有天忽然十分热情地想要请你吃饭。你不能光看到对方一脸神秘莫测的样子，就判定对方肯定没有心存好意，或许人家真的想给你一个惊喜，给你们冰释前嫌的机会。这时候你就坐下来，好好想想他忽然请你吃饭所为何事？要是好事，那自然要欣然赴约，化敌为友。用心去看现象背后的本质，当然也要用心和别人交流，你的真诚别人会感受到，你的虚伪对方也会察觉。

比眼睛看得更远的是心，它能够穿过万水千山看到更远的地方，更美丽的风景，也能穿过谎言和层层虚伪的面具，看到人心最深处的地方。

用心看世界，你会发现原来这个世界是如此与众不同，比你想象中的更加美丽，也更加残酷，但一定比任何时候都更真实。人不能永远活在虚幻之中，用心追逐事情和人本来的模样，才是走向成功的捷径。

一日三省吾身

中华民族从古至今就是一个善于反思的民族。春秋战国时期，曾子曰“吾日三省吾身：为人谋而不忠乎？与朋友交而不信乎？传不习乎？”

反省是我们日常生活中必备的功课，每天对自己的所作所为进行深刻的反思，这样才能让我们找到自己的不足，查遗补漏，不断增强自己的能力和品格，最后成就一番事业。

曾经有人说过这样的一段话，一个人一生的成就并不在于他的能力有多强，而在于这个人是否具有自我反省的能力。一个能力再强的人也会有犯错误的时候，要是犯了错误不知道自我反省，那么就永远都不会长进，最终也会被时代所淘汰。一个就算脑子再愚笨，可是善于进行自我反思，能够认识到自己不足和错误，听取别人正确的意见，迟早也会有所进步。一个人的反省能力决定了一个人这一生的成就。

唐伯虎是明朝著名的画家和诗人，小的时候在画画方面显示出了超人的才华。他的才华受到了大画家沈周的欣赏，于是唐伯虎拜在了他的门下，凭着自己的天赋异禀和刻苦勤奋，掌握绘画技艺很快，成为同门师兄弟中的佼佼者，深受沈周的称赞。可是唐伯虎年少气盛，由于沈周的称赞，这使得一向谦虚的唐伯虎也渐渐地产生了自满的情绪，开始看不起自己的师兄弟，学画也不怎么认真了。沈周看在眼中，记在心里。一次吃饭，沈周让唐伯虎去开窗户，唐伯虎发现自己要开的窗户竟是老师沈周的一幅画，唐伯虎非常惭愧，从此潜心学画。沈周正是利用这种方法让唐伯虎意识到了自己的不足，从而反省自己的错误，最后成为了大名鼎鼎的画家。

人在日常生活中难免会因为自己取得的成绩而骄傲自满，觉得别人都不如自己。这个时候我们就很危险了，我们输给别人正是从轻视那一刻开始。觉得别人没有自己做的好，就一定会心生懈怠和傲慢之情，这样就会消磨掉我们的激情和斗志，长此以往，最后不仅会让别人将我们超越，还会让自己从一个很有天分的人变成普通人。所以我们要每天不断反省自己，从自己身上找到需要补充的地方，然后继续一如既往的努力，这样才能更好更快的成长和进步。

有个学生跟着一个非常有名的歌唱家学习唱歌，他天赋和基础都非常不错，别人需要学一周的东西他三天就能学会，因此这个学生深受老师的喜欢，每次老师外出演出都带着他。半年之后，老师检查这个学生的学习成果，发现他的进步微乎其微，尤其跟自己在外游学半年没有学到别人半点的本事。于是老师问学生怎么会这样？他看见这个学生每天很早就起来练嗓子，经常在图书馆里看一些乐理方面的书籍，十分用功。学生学习唱歌确实很用功，也没有什么骄傲自满的情绪。他也不知道为什么就像到了一个瓶颈一样，好像在往前就觉得力不从心。于是这个老师悄悄观察了一段自己的学生，他发现学生的学习能力和积极性都很强，可是他从来不懂得反思，对于学习中遇到的难点和疑问不会及时发出提问，而只凭着自己的认知去思考，最后就不了了之。于是歌唱家让这个学生将他看过的书全部都重新看了一遍，遇到任何不懂的问题都要问为什么？直到将所有的疑难都弄清楚才可以。演出的时候也不让学生做什么，就专门在台下听台上歌唱人的错误，找出对方不如自己和比自己好的地方，然后再进行认真的学习和讨论。很快这个学生凭借着自己从前的基础，又加上通过反思找到自己的不足之处，成为了歌唱家最得意的门生。

学习的过程中不是一味努力就可以的，很重要的一点就是要不断反省自己是不是还有什么地方不明白，不能一知半解就过去了，这样下次遇到同样的问题，你还是会栽跟头的。每天结束之后，可以反思一下自己今天有什么地方不明白,次日可以找老师或者同学帮你解决掉问题，这样你的学习效率就会提高许多，切记不可不懂装懂，只是死学习，不懂得活学活用，反思是一个人在生活和学习中进步最快的不二法门和最佳途径。

拿破仑曾经这样说，不会从失败中寻找教训的人，胜利距离他们将是遥远的。其实要是永远都意识不到自己的错误，那么胜利不是遥远，而是遥遥无期的，就算耗尽毕生的心血也是看不到的。人在往前走的时候，不妨多回头看看。想想昨天的自己，曾经走过的路，这不仅不会耽误你前进的速度，还会让你更加清楚看到前面的路是不是对的。我们走着走着不回头就很容易走进了岔路里，走上一条不归路。人生是一场远行，我们要边走边想，边走边看，这样才有可能走到自己想要去的地方。

从前有一位能征善战的大将军，他每次出征都会带着骑兵千里奔袭敌营，从来没有失手过，敌人听闻他的名字犹如老鼠听见猫，吓得屁滚尿流，于是众人都称将军为战神。他驰骋沙场几十年都没有出过差错，快要解甲归田的时候却死在了战场上。事情是这样的，敌国派兵前来袭扰，大将军带兵出征，以往他都会让手下在沿途坐上标记，这次却急于立功，带兵一路长驱直入。这次敌国的将领将他们引入到了一片荒漠之中，大将军的手下说他们迷失了方向。大将军非但没有听从他的建议，还以扰乱军心之罪将他问斩。他才不相信对方会有这么聪明，用不了几日就让对方人仰马翻，知道自己的厉害之处。于是他带着军队在沙漠里寻找敌人的踪迹，最后人疲马乏，被敌军派兵偷袭得手，战死沙场。临死之前，大将军仰天长叹道，不知反思，不听良言，为时晚矣。

正是这位将军的刚愎自用，在危险已经来临的时候没有意识到，当别人提出正确的意见时又不愿意听从，所以导致悲剧一发不可收拾。人不懂得反省已经很可怕了，要是再不能听进别人的良言相劝，那就真的距离灭亡的日子不远了。反思是我们正常必备的生存技能，没有反省思维的人，就是一块不可雕琢的朽木。

唐太宗曾说，以铜为镜，可以正衣冠，以古为镜，可以知兴替，以人为镜，可以明得失。魏征是唐朝有名的敢于直谏的大臣，只要是唐太宗做错了事情。他也从来不会顾及皇上的面子，一定会当面指出来，因此唐太宗对他是又怕又爱。有一次魏征终于把唐太宗给惹急了，他在宫中骂道，一定要杀了魏征这个乡巴佬，他竟然敢在大庭广众之下不顾自己的颜面，指出自己的错误。长孙皇后听闻此言，连忙换了朝服，站在庭院之中，向皇帝大礼参拜。李世民大吃一惊。长孙皇后说："我听说，领袖英明则部下正直。魏征所以正直，正由于您的英明，我怎能不祝贺！"李世民这才想到他自己的过错，不久之后，即擢升魏征为侍中。这要是换做了别人，不杀魏征已经是天大的恩泽了，唐太宗却给他升了官。

正是李世民这种善于自我反省自己的精神，不断认识到自己的错误，善于听取别人的谏言，才会创造出贞观盛世，成为了千古明君。

雨果说被人揭下面具是一种失败，自己揭下面具是一种胜利。只要是个人就会有缺点，只要有缺点就有值得反思的地方。很多人总喜欢在别人身上挑毛病，到了自己这边就视而不见，让自己的缺点不断放大，最后成为了致命的伤，影响了自己一生的发展和前途。我们要勇于成为那个揭下自己面具的人，看清楚自己的样子，不能掩耳盗铃，自欺欺人，这样迟早有一天会被别人识破。

尤其是进入职场以后，每天进行自我反省是很重要的。下班之后，要想一想今天还有什么工作没有完成，或者是哪些工作做的还不满意，第二天需要改进。只有知道自己的问题在哪儿，这样改正起来也快，你的进步自然也就快了。要是你不懂得反省，这对于你的职场生涯将会带来很大障碍，你的工作能力会因此大打折扣。通过自我反省，让自己变得更加优秀，工作起来也会更加得心应手。

一日三省吾身之人，必定可以做出一番非同凡响的事情。一日从不反省之人，注定一事无成。

站在山顶看风景

诗圣杜甫曾经写道，会当凌绝顶，一览众山小。这是何等的英雄气魄，何等的壮志豪情！人生在世就应该有这样的追求，不管你现在身在何处，一定要有站在最高处看风景的理想。一个人只有敢想，才回去敢做，最后才能成功。不是每个人最后都会爬上人生的顶峰看脚下的风景，可是这样的梦想还是要有的，万一真的爬到了山顶，那不就可以饱览美丽的风景了吗？

阿里巴巴创始人马云曾经说过，梦想还是要有的，万一实现了呢！正是凭着要站在山顶看风景的勇气支撑着马云一路走来，在电商中脱颖而出，成为了电商界名副其实的大佬。我们来看看马云的创业史，就会发现这就是一个人登山看风景的过程。

阿里巴巴开始创业是十分艰辛的。马云以前是个英语老师，对于互联网知之甚少，因此走了不少弯路。对于阿里巴巴来说，当时还有一个大难题，那就是资金问题。每个人每月只有很少的工资，有次众人出门买东西，因为东西太多，时间太晚了，没有办法回来，只好打车往回走。可是因为地点太过偏僻，很长时间都没有等来一辆出租车。几个人不敢坐私家车，因为要比出租车贵20块钱，大家就发扬了公司前期基本靠走的精神。这就是当时阿里巴巴的财务情况。由于对互联网了解不是很多，马云经常率领团队加班加点做事，这样的生活过了好久。后来阿里巴巴总算有起色了，马云找到了融资。随着情况不断变好，马云决定遍地开花，将阿里巴巴做到全球去，于是开始不停的开分公司，导致资金链断裂，差点让阿里巴巴关门。经历了那么多的困难，阿里巴巴最终成功了。马云最后也成了那个站在山顶看风景的人。有人曾问马云站在山顶看风景是什么样的心情，他说没有那么多感概，就是觉得自己所有的努力没有白费，反而是想起那些艰苦创业的岁月，让他久久不能平静。

站在山顶看风景，这在很多人想来是多么美好的事情。可是当你站到了山顶上，想起来的恐怕只有爬山的过程，那些风景对你来说远没有那些回忆带给你的感动和感触多。想要站在山顶看风景没有错，但是绝对不能因为想要站在山顶看风景而去爬山，这样即使你爬到了山顶，也会错过了很多美好的风景。最重要的是在爬山的过程中，你要懂得享受，这样爬起山来也会更加轻松。

师父和徒弟两个人去爬山，两个人约定好看谁爬到山顶。因此小徒弟一路向着山顶跑去，很快就到了山顶。师父却在路上一边看路边开放的野花、天空里飞舞的蝴蝶，一边向山上走去。徒弟在山上等了半天才看到师父，他欢呼雀跃的说师父你输了。师父微微一笑道，你在山顶看到了什么？徒弟洋洋得意笑着说，师父，我看到了山下的河流草地，还有我们在路上看不到的风景。师父又问道，你看到的，我现在是不是也看到了。徒弟点头说，是啊！我已经看到了啊！师父摇头道，那你上山的路上看到了什么？徒弟想了半天，自己一路只顾着上山，根本就没有来得及看风景。于是摇头道，什么都没有看到。师父这才说，孩子，你在山顶看到的风景师父现在也看到了，可是师父在上山路上看到的风景你却错过了。我们走了一样长的路，我却比你看到的多得多。徒弟不以为意的说道，可是我是先到的啊！师父又说道，你上山的时候是不是一直气踹吁吁的，感觉到自己很辛苦。徒弟点头称是。师父笑道，我们同样是为了上山，我一路上的心情很愉悦，你却是焦躁不安。你是因为爬山而爬山，为师却是因为看风景而爬山。徒弟这才顿悟。

我们何尝不是那个徒弟，一心想着往山顶爬去，而忽略了身边的风景。一个人想要成功是没有错的，可是他如果只是单纯为了成功，那么便是错的了。成功的定义很多，并不是你倒在了前进的路上就是失败了，只要你还有勇往直前的勇气，拼尽自己的全力向前冲，那就是人生的成功者。通往成功的路上，不是每一件事情都和成功相关，可我们绝不能因此对这些事情置之不理，生活除了我们追求的成功之外，还有很多美好的东西值得我们去珍惜去爱护。当你一心想要站在山顶看风景，那就请将上山路上的风景都看透，这样你站在山顶的时候也不会觉得遗憾。山上的风景固然独一无二，路上的风景也是绝无仅有的。

有一位成功人士爬上了一座高山，有一名记者采访他时问了这样的一个问题。您在山顶上看到了什么？这位成功人士沉默了很久，最后说了一句，我一直觉得站在山顶的自己很伟大，可是当我低头看到脚下的那些山川树木，才发现自己更渺小了。记者追问道，您为什么会有这种感觉了。成功人士微微一笑，却始终没有说话。

我们一直努力在向山顶前进，可是当有一天我们真的站在了山顶上向下看风景，你会是什么样的感觉？有人觉得自己很了不起，终于征服了高山，有人觉得不虚此行，上山的风景很美丽，站在山顶往下看心中汹涌澎湃，好像自己获得巨大的能量一样。有人会向众人炫耀，自己终于也会当凌绝顶了，有一览众山小的气魄了。

其实当我们站在山顶看风景的时候，就要有那位成功人士的心态。我们和大自然和这个世界相比太过渺小，犹如滴水之于大海，尘埃之于山河。我们没有办法征服任何一座山峰，一条河流，这一切都是上天的恩赐，我们要对这一切心怀虔诚和敬仰。人只有把自己看的越小越轻，才能把别人看的更高更重。这样就不会因为登临山顶而得意忘形，一不小心从山顶上摔下去，落得粉身碎骨的结局。

人的一生就是在爬山的过程。当你在山下的时候，一定要有站在山顶看风景的勇气，这是你前进的动力，会让你充满热情和斗志。当你走在山路上的时候，就不要想着山顶的事情，用心欣赏山中的每一道风景，你以后再也不会看到了。人生最遗憾的不是没有拥有过，而是拥有之后又失去了。爬山的路上，一步一步往前走，不要觉得山顶的风景一定比现在的好，就算是比现在的好，你最后也会看到的。可是当你走过去了，就再也不能看到这一刻的风景、拥有这一刻的心情了。当你站在山顶看风景了，请你尽量往里面站，外面的风太大，不小心就会被吹下去的。不要觉得自己登临顶峰，征服了这座山和这个世界。你在它们眼里渺小得就像一只蝼蚁，这不过是命运的机缘而已。你要好好珍惜这段时光。

站在山顶看风景不难，难的是能够一辈子站在山顶看风景。

顺其自然地生活

佛说，人有八苦：生苦，老苦，病苦，死苦，怨憎会苦，爱别离苦，求不得苦，五蕴炽盛苦。唯有身心放空，方能人离难，难离身，一切灾殃化为尘。

我们听了许多的道理，也懂了许多的事理，却依然过不好。从出生以后，就有人告诉我们什么该做什么不该做，什么样是对，什么样又是错。等到长大步入社会以后，明白的道理就更多了，也懂得和别人讲道理了。可我们依然过得不快乐，时常会觉得迷茫痛苦，不知道该如何度过这一生的光阴。那是因为我们内心的欲望太多，想要得到的东西太多。于是便有了八苦之中的求不得之苦。也因为我们放不下，很多事情都过去了却依然牵挂在心头，让自已心力交瘁。人生需要拿得起，也能放得下。

这世间最难满足的就是人的欲望，它就像滔滔江水一样源源不绝。

人一旦陷入欲望的魔障之中，占有欲就会空前地膨胀，自私自利，刚愎自用，就像一个气球一样，不停的往里面吹气，即便是已经鼓起来了，他还是要往里面继续吹气，希望可以膨胀得更大一些，最后看到的结果只能是气球破裂。

有人曾经说过，上帝要想毁灭一个人，就会先让他变得疯狂，让他的欲望就像雨后的春笋一样疯长，直到最后被人砍掉，或者被风吹断。人生最大的仇敌，莫过于自己的欲望。他会将一个正常的人变成魔鬼，变得丧心病狂，失去自我，最后毁灭自我。

有一则新闻报道了一个银行职员挪用公款炒股最后输得精光跳楼自杀。事情是这样的，这位年轻的职员一直觉得自己生活的不如意，工资不高，总是想着怎么样才能发一笔大财。他看到身边的某个朋友炒股赚了不少钱，正好遇到了一波不错的行情，他就想乘机捞一把。可是他手里没有钱，于是就打起了银行的歪心思。反正自己挪用几天，也不会有人发现。第一次他挪用的款不多，投入股市很快就翻了一番。由于是初次入市，很快就将钱抽了出来。尝到甜头以后，他就更肆无忌惮的这么干了，有赚有赔。不久前，他听朋友说最近有一波最大的行情，要是抓住机会一定可以大赚一笔。这人鬼迷心窍，这次从银行里挪用了 500 万，想要一次赚够后半辈子的钱。刚开始的行情很好，可是这位职员想那就等他再好一点的时候抛售，又可以多赚一些钱。就这样他一直等，可是结果不是他想的那样，他买的那只股票一夜之间暴跌，500万很快就剩下一半了。他不死心，又继续炒股，最后赔得血本无归。这时候他才想起来这钱是从银行借的，当天就在交易所的大楼跳楼身亡了。

这就是欲望的可怕之处。这位职员的贪婪一次次将他推向了毁灭的深渊，最后再也回不了头。他想要得到更好的生活，这没有错，可是他选择了最错的方式，让自己的欲望挟持了良知，变得不知所以，最后落得家破人亡。欲望之火，往往可以将人烧得灰飞烟灭。

从前有个学子一心想要高中状元，可是一连好几年都没有考中，因此受到了许多人的奚落。这位学子发誓一定要高中给众人看看，让他们知道自己不是草包。于是他每天起早贪黑的学习，将四书五经都背得滚瓜烂熟，写得一手好字，胸中锦绣文章无数。3年之后，又到了科举考试的时候。这位学子满怀信心进京赶考，结果又名落孙山。回到家里他又埋头苦读，3年又过去了，年纪轻轻的头发全部都变白了，再次赴京赶考还是落败。这位学子还是没有放弃，他始终都记得自己的状元梦。每次见到别人都会说我今年就高中了，以至于别人都以为他疯了。没想到3年之后，这位学子真的高中了，距离他第一次参加科举考试已经18年。当他看到这个好消息的时候，刚开始哈哈大笑，又嚎啕大哭，最后又哭又笑，我高中了，我是状元了。他已经疯了。

没有高中状元，一样也可以生活的很好。每天日出而作，日落而息。春天的时候可以去踏青，和几个朋友一起吟诗作对；秋天的时候，也可以卧听窗外的风雨，有月亮的晚上和朋友一起月下漫步，多么开心的事情。可是他却深受求不得之苦，因此变得痛苦不堪，最后得到了的时候却疯掉了。他要是早知道最后的结果是这样，何苦心心念念考状元。

这个世界上没有万贯家财的人照样过得很快乐，你看田间耕地的农民，他们凭着自己的辛勤劳动，春种秋收，也过得快乐幸福。有些人虽然什么都有了，每天确是愁眉不展，因为他们还有更多的事情需要操心，还想得到更多的东西。因此一个人生活是否幸福，很大程度上和他拥有多少没有关系，而是他能够珍惜自己所拥有的。

人生的不如意除了求之不得，无法控制自己的欲望之外，那就是放不下了。每个人都喜欢得到，而不想失去。可是人生向来都是有得有失的，没有什么东西是得到不会再失去的。在得失之间我们要懂得平衡，得到了不要因此沾沾自喜，失去了也不能一直都放不下。古人云，宠辱不惊，看庭前花开花落；去留无意，望天空云卷云舒。一切顺其自然就好。

有个年轻人向一位得道高僧求教。他说，大师，我心中总是觉得苦闷。高僧笑道，放下就好了。年轻人追问道，您不知道什么事情就让我放下，是不是太过仓促了？高僧捻须笑道，不管什么事情，让你觉得心中苦闷，你就应该放下了。年轻人摇头道，放下谈何容易？要是能够放得下，世间也就不会有这么多悲苦了。高僧笑道，放下很难吗？

他站起来在年轻人的头上摸了一把，笑道，放下其实就像落在头上的柳絮，只要你愿意用手轻轻拂去，就一定可以的。

这世界上很多苦难就是放不下之苦，很多人总有各种原因放不下。如恋爱分手之后，不愿放弃前一段的感情的人，他们总会告诉自己那个人还会回来，只要自己等下去就好。如生意失败的人，总是想着自己损失的钱财还会回来。如那些曾经功成名就的人遭遇失败之后，还幻想着重新回到巅峰时刻。这一切都已经过去了，就算能够回到那个人身边，生意重新做起来了，又拥有了以往的声誉，可是绝对不是原来的样子。我们要勇于承认很多事情都是过去了，不管你放得下还是放不下，都不可能再回去了。路是往前的，没有回头路可以让你走。

我们的心就像一个玻璃瓶，它的容积是有限的。你要往玻璃瓶子里面倒入新水，就必须把以前的水倒掉，要不然新水会溢出瓶口。同样一个人的心里承载不了太多的东西，尤其是无穷无尽的欲望。这个世界上总有你想得到却永远都得不到的东西，不管你是多么努力，又或者是多么成功，自然规律是谁都无法改变的。那些想要逆天改命的人，往往最后都是死于非命的。欲望就像一只饿狼，它能够吞食别人，自然也能够吞食你。别让欲望成为灵魂的主宰，那样你将很快坠落入地狱之中。

有个人很有钱，可是他觉得自己不快乐，他想要找到这个世界上最快乐的人。他找了好久都没有找到，好像每个人都有自己的痛苦，过得都十分不开心。直到有天遇到了一个老乞丐，两个人一起赶路，就没有见他难过的样子，总是笑呵呵的。这个人问老乞丐，你一无所有为什么还这么快乐？老乞丐扭头说道，我为什么不快乐，每天都会有人给我施舍食物，渴了的时候我可以去河边喝水，累了随便找个地方睡就好了。第二天继续过这样的生活 ，想去哪里就去哪里，什么也不用管不用操心，当然开心了。这个人追问说，难道你不害怕天突然下大雨吗？冬天没有过冬的衣服穿吗？或者某天饿死在街头？老乞丐笑着说，路上下大雨找个地方躲雨就好了，要是找不到，就当是免费洗澡了。冬天没有棉衣穿，我可以穿很多秋衣啊！要是哪天真的要饿死街头，那也是上天注定的。我忧愁有什么用。一切顺其自然就好了。

如果你觉得自己现在很痛苦，那么就请放下你心里的事情，不要挣扎，也不要去多想，深深呼吸一口新鲜的空气，把那些得不到却追得很辛苦的人或者事情丢掉，把那些曾经拥有后来失去的人和事忘掉，然后很努力地向前走，不去过分强求什么，顺其自然地生活。

生出菩提心

何为菩提心？佛家是这样说的，菩提心便是求无上菩提之心。又称无上菩提心、无上道心、无上道意，或略称道心、道意、觉意。此菩提心为一切诸佛之种子，是净法长养之良田，若发起此心，勤行精进，则得速成无上菩提。盖此菩提心乃大乘菩萨最初必发起之大心；生起此心称为发菩提心，略称发心、发意；最初之发心，则称初发心、新发意，为菩提之根本。

菩提心也就是清净心，需要我们在这个喧嚣尘上的世界里修炼出一颗清净之心，不为外物所影响，不为幻想所迷惑，不为物质所俘虏，不为感情所悲伤，一切都是风轻云淡的模样。

花花世界，总是让我们眼花缭乱，被五花八门的东西所吸引，心中会觉得莫名失落。生活就像一列呼啸而过的火车，我们坐在上面常常不知道会被带到什么地方去，这一切似乎都不是我们可以控制的。可是事实上我们虽然坐在火车上，依然可以选择自己的车次。不幸的是很多人看到别人的车次觉得好，就会无缘无故放弃属于自己的列车。等到打上别人的列车，到站以后才发现这是一个陌生的世界。并且自己并不喜欢。即便是我们换了别的列车，又回到了起点，可一切都已经变得不一样了。人最好的生活方式就是不要轻易让别人决定你的前途和未来，只有你自己才明白什么是你想要的，这样你的人生才不会有遗憾。

人性之中最大的弱点就是喜好繁华，害怕孤冷。总觉得一堆人在一起会觉得温暖，想要和别人尽量靠近。这是很不理性的，繁华不过是一群人的寂寞。所以很多人追随大流，不懂得守住自己的内心世界，最后沦为世界的废物。

某所大学毕业典礼的时候，有位教授给学生们做了一场关于职场的演讲。这一班学生学得是考古专业，在就业上没有什么优势，被称之为职场后宫里的“冷宫”。教授说，你们很快就要进入社会了，现在我要告诉你们一件事情。当你进入社会以后，不管别人在做什么，或者赚钱比你多，你都不要羡慕，做好你自己的事情，尤其是你喜欢的事情不要轻易放弃。或许你们刚开始会觉得金钱是最重要的，它可以让你们过上体面知足的生活，在亲朋好友面前很有面子。金钱的重要性谁也无法否认，可是它比不上你的梦想。梦想是活的，只要你不放弃，它是会自动保鲜的，永远都是鲜活的。世界很浮躁，人心也很浮躁。

你们过不了多久就会被这个世界征服，它用金钱和各种各样的东西征服你们，让你们应接不暇。可是征服世界的从来都不是金钱和其他物质，而是人的理想和热血。你们最后一定要让自己征服了金钱，别让你们沦为它的奴隶。我相信你们最后成功的那个人一定是将梦想进行到底的人，绝不是那个让这个世界所诱惑，放弃了自我的那个人。

教授的演讲让很多人深受感触，发誓进入社会以后一定要从事自己喜欢的考古事业。可工作没有多久，就有一部分人去做了销售，虽然工作压力大，但是赚钱多。一年过去了，班里只剩下 3 个学生在从事和考古相关的工作，大部分人都去寻找赚钱的门路了。又过了 10 年，只有一个人还在从事考古方面的工作。考古工作十分细碎复杂，需要花很大的精力在里面，可是这个学生没有放弃。20 年过去了，很多人都成家立业，有了自己的事业，有相当一部分人已经跻身富豪行列。同学聚会，大家在一起聊起了彼此的生活，很多人都在感慨自己的工作压力有多大，生活得不愉快。那位学生笑着说，自己每天也很忙，但是能够做自己喜欢的事情，从心底里觉得开心。30 年过去了，最后这个学生成为了全世界闻名的考古学家，成为了母校的骄傲，收入比他的任何一个同学都要高。其他人开始后悔自己当初没有坚持自己的理想，这个学生当年在班里资质算是最差的，他都能够功成名就，要是换做自己一定更早实现梦想。可惜人生没有如果，现实往往是最残酷的证明。

生活中很多人会被金钱所征服，就像那些放弃了自己理想的人。金钱可以买到房子车子，让我们过上物质层面高品质的生活，精神却总是缺少某些东西。那些没有受到外界环境影响的人，往往最后能够做成自己想要做成的事情，让自己的人生像一轮冉冉升起的太阳，温暖而明媚。静下心来做自己的事情，不受到外界的干扰，这样才能在成功的路上更快一步。你的心有多静，成功距离你就有多远。

两个和尚一同修佛，有天他们决定试一下谁的心更静，修行更快。两个人选择在了闹市里，然后盘腿打坐，闭目静思。半日之后，两个人睁开眼睛，互相看了对方一眼。青年和尚问年长和尚说，你听到了什么？年长和尚说，我听到晨钟暮鼓之声，诵经念佛之音。青年和尚笑道，出家人不打诳语，这街上哪来的晨钟暮鼓，你骗三岁小孩吗？这里明明到处都是叫卖声，你听那边还正在卖烧饼。年长和尚双手合十笑道，相由心生，贫僧心中只有佛祖、寺庙，自然听不到这些凡俗之音。青年和尚这才知道自己的道行和年长和尚相比还差一大截。相由心生，自己能够听到叫卖声，那是因为自己的心没有清净下来。一个人只有心静下来，才能够看透事情的本质，不会让表象轻易的蒙蔽。

生出菩提之心有一个很重要的条件，在佛教里面就是要受持戒律，不能违反戒律。要是修行之中违反了戒律，那么也就不存在什么清净心了。到我们的现实生活中，就是说要遵守社会的规则，不能恣意妄为，任由自己的性格，有自己的良好操守。这样才能具备菩提心。

平日里走在路上，见到过许多不遵守规矩的人，缺乏社会公德。有人在路上随地吐痰，有人横穿马路，有人开车醉驾，有人踩踏草坪，有人损坏公物，这样的现象屡见不鲜。这正是人心思动，不能清净的表现。横穿马路的，其实多等几秒钟就可以了，何必冒着生命危险去抢几秒钟的时间。踩踏草坪的，多走几步路也可以到达自己想去的地方，完全没有必要抄近道。酒驾的不仅是对自己生命安全的不负责任，更是对别人生命安全造成了重大威胁。喝酒以后，完全可以打车回去，不需要开车。这样既维护自己的生命，也造成了对别人的伤害。

遵守这个社会的规则，是每个人应尽的义务和责任。

在遵守规则的时候，我们还需要潜心做适合自己的事情，不要争名逐利，贪图一己之私利，去做不适合自己的事情。正如你的职业是一名老师，那么就请做好老师的本分，教书育人就好，不要想着什么发财的事情。当你是一名警察，你的职责就是保护人民群众的安全，其他的事情也不要去多想。一个人关心的事情太多，心自然会变得更乱。不要觉得自己做的事情很平凡，所有的伟大都是从平凡之中走出来的。每个人来到这个世界上都有自己的命运，绝对不能够去强求。

生出菩提心，更要修菩提心。这修炼的过程就是一个人由热衷世俗到冷静面对这个世界的过程。正如两耳不闻窗外事，一心只读圣贤书。当你的菩提心出现了，你将和这个世界不再是隶属的关系，你一定有了自己的世界，并且可以和这个世界相平衡。你的心也不再会被世俗的事情或者别的什么东西所诱惑，懂得什么对自己才是最珍贵的。等到你的菩提心炼成的时候，世间万物都与你无关。你就是你自己，独一无二的自己。

发菩提心、走菩萨路、学佛做人、利益众生，这就是一个幸福的秘诀。